41-23B
ガケ書房
〒606-8286 京都市左京区北白川下別当町33

わたしたちに
ggg
荒井良
2014年12月3
BRUTUS
TADAO ANDO
2014年10月11日(土)

12/13 ～ 12/26
12/27 ～ 12/28
終わり
つる
DVD

最近入荷の何冊
『超LIFE』 小沢健二 DVD
ガケ書房限定オリジナル特典付き
『何者からかの手紙シリーズ』 手紙小説
どろぼうからの手紙、退屈届など
『けだらけ』 ミロコマチコ
初の画集。初回限定カバあり
『本屋会議』 夏葉社：編
町の本屋さんについて一年間考えた

ガケ書房

SOLD OUT
小沢健二
LIFE
徘徊タクシーはじめました!
只今のガケ本
マイ・リトル・世田谷
しまおまほ
旅的生き方教室
小沢健二
LIFE
現代野蛮人入門
雑談のススメ
旅行記
新宿駅最後の小さなお店ベルク
読書の腕前
孤独の価値
つながらなくて、いいじゃないか。
文吉直樹、推薦!
知ろうとすること。
日本的なものとはなにか
吉本隆明
星野源
雑談集1
音楽談義
保坂和志×湯浅学
言葉なんかおぼえるんじゃなかった
大詩人が若者に贈る珠玉のメッセージ!

タクシー
ドライバ

ガケ書房の頃

山下賢二

装丁
櫻井久、中川あゆみ（櫻井事務所）
写真
三島宏之

ガケ書房の頃

こま書房

子どものころ、夕ご飯の買い物についていくと母がそこに立ち寄る日があった。そこは、実家に一番近い本屋で「こま書房」といった。京都駅から北西に行った七条通に面した立地で、店の両端にある出入り口は、こげ茶色の木枠の立派なガラス扉でできていた。自転車が行き交う店先には週刊誌や月刊誌が平置きで並べてある。平置きといっても、積んである冊数はどれも一、二冊。僕は、たてつけの悪いガラス扉を横にずらす。子どもの力では結構な重さがある。中に入ると、本屋独特の心地よい密閉感に包まれる。その静かな気圧に知識欲がそそられる。天井ははるか高く、奥行きはどこまでも深く感じられた。書物の森がそこには確かにあった。目の前に一斉に飛び込んでくる文字や絵や写真。自分の知らない世界への入口が本棚に並んでいた。僕は、その未知の扉を全部開けたいと思ったことを強烈に覚えている。

最初は、「テレビマガジン」や「テレビランド」といった児童向けテレビ雑誌を親に買ってもらっていた。そのうち、一人で行けるようになると、学研の『ひみつシリーズ』やケイブンシャの『大百科シリーズ』から始まり、コミック、図鑑、タレント本、ジュニア小説、プロレス本、棚に隠れてスケベ本などをエンドレスで立ち読み（ときには座り読み）するような子どもになっていった。学校が休みの日には、昼ごろからこま書房に行き、端の棚から順番に本の扉を開け続けた。最終的には、こま書房のおじさんが座るレジの目の前に座り込み、次から次へと本の中身を見ていた。家族や友達と本屋に行くと、最終的にはいつも嫌な顔をされたし、あきれられた。本屋に入ると、とてもとても滞在時間が長かったからだ。

今から思えば、なんてずうずうしい子どもだったんだろうと思う。今の僕ならそんな子になんと言うだろう。おじさんは、たまになんとなく注意する感じではあったが、基本的に黙認していた。なぜなら、結末はいつも同じだったからだ。

陽がだんだん落ちて、薄暗くなってくるころ、こま書房の黒電話が鳴る。おじさんは馴れた声で「はいはい」と出ると、僕に言う。「お母さんが、そろそろ帰っておいでって言うてはるで」

親と店主公認の立ち読み小僧。大体いつもここにいることを親も知っていたわけである。しかし、ここは図書館か？　こま書房さん、すみません。罪の意識は恥ずかしいくらいにありませんでした。

本屋は入場無料のスペースである。言い換えてしまえば、半分、ギャラリーのようなものだ（自分で経営しているときには、それが切なくなるときもある。身勝手）。だからこそ、好奇心旺盛な子どもが中毒的といっていいほど夢中になってしまったのだろう。気軽に入れて、無料で、刺激的な情報が溢れている場所。今は自室のパソコンで、もしくは手元のスマートフォンで新しい情報や知らない世界と出会えるというのか。確かに、より遠くてより深い世界まで覗けるかもしれない。でも、五感で感じる異空間体験はそこにはない。こま書房に入り、入口の重い扉を閉め終わった瞬間に感じた、目の前が急にくっきり見え始めるようなあの感覚。古い蛍光灯の暗い明るさ。紙とほこりが折り重なったクセになりそうな匂い。目の前に広がる圧倒的な本の海原。地味なレジの音。店主と常連の何でもない会話。本を棚に戻す音。ページをめくる音。

本を集中して読んでいるとき、まわりのすべての物音はまるで物語の中の効果音のように小さく遠くで鳴っている。そういう中で、僕は店内にいる人たちと一緒に静かに本に目を通す。

買い物途中に息抜きしている主婦、営業をサボっているサラリーマン、学校帰りに寄り道している子ども、暇を持て余したような老人、お金も恋人もなさそうな青年。皆、社会生活を営む中で生まれた心の隙間を埋めにきているみたいだった。本屋は、小学生が初めて触れる〈世間〉というヒリッとしたものとの接点だったのかもしれない。

こま書房は、今も現役の本屋として営業している。いつのまにか改装し、入口は一つになり、あの木製のガラス扉はなくなり、奥行きも狭くなり、在庫も少なくなった。今では、宝くじも売っている。おじさんはまだ元気そう。子どものころの印象が大きいからか、今みると、とても小さな本屋だ。

本屋の原風景というものがあるとしたら、僕にとってはこま書房がそうなんだと思う。

初めて人前で話したこと

僕は、普通の子どもと違う生き方をしてきた。

幼稚園の入園日。式を終えて教室に戻ると、優しそうな女の先生がいた。先生は、「お名前言えるかな？」と園児たちに順番に自分の名前を言うよう促した。僕は、生まれが早いので一番最初だった。

口から言葉が出なかった。恥ずかしかったのもあると思うが、自己紹介というものになぜか憮然とした。先生がさらに僕を促す。余計に口を閉ざす僕。心を決めた。家ではペラペラ話しているのに、そのときから僕は、家の外では一言も声を発しない生活を始めてしまったのだ。

初日から居残りさせられ、園長先生まで登場して、みんなで僕の声を聞きだそうと色々なだめたりすかしたり。ずるい僕は、ひとまず声を出さずに泣いて、その日は家に帰してもらった。次の日もその次の日もずっと声を出さないので、僕は「そういう子」になった。

やがて、小学校に上がった。そこでもまだ声を出さない僕。もうそのころには、半ばゲームのようになっていた。まるで、他人に声を聞かれると何かひとつ大事なものを喪失してしまうかのような、魔術的な世界の中で生きていた。外での会話はすべて自己流の手話か、紙や壁や空中に指で書く筆談で通した。子どもたちの話し声の絶えない教室では、いつも先生はこう言った。「やましたくんみたいに静かにしなさい」

毎年、色んな先生が色んな手段で僕に挑戦してきた。居残り、泣き落とし、怒り、力ずく、交換ノート。その都度、僕は子どもの特性を生かした色んな手でそれをかわし続けた。ある図画工作の時間、先生が僕の描いた人物画を指差してこう言った。

「見てごらんなさい。ホラ、やましたくんの描く人物はみんな、口が開いてるでしょう?本当はやましたくんは喋りたいのよ」

自分でも本当は喋りたいのかどうかわからなかったが、個人的にはその生活になんの不自由も感じていなかった。喋らないくせに、授業中あてられたら、黒板いっぱいの大きな字で答えを書いて笑いを取ったり、僕が勝手に書き始めた連載小説を先生がプリントにしてクラス中に配ってくれたりした。運動も得意だったのでクラスでの居心地もよかった。

家では、兄とよく漫画を描いていた。僕があらすじやセリフを考え、兄が絵を描く。そういう真似事は、そのころ出会ったたくさんの本からの影響だった。本屋に入り浸っているうち、本を作る向こう側の世界に自分を投影させ始めていた。

そのうち僕は、ある施設に通うことになった。「そういう子」たちが通う施設。そこは、違う地域の小学校で、放課後にカウンセリングの時間を設けていた。毎週火曜日の放課後、母親とバスで行った。そこで何をするか？　カウンセリングの先生と教室で一時間半くらい、ひたすらおもちゃで遊ぶだけ。その教室には三、四人の子どもがいつも来ていた。でも、みんな一言も声を発しないまま、それぞれ遊び続けている。その間に母親は、違う場所で他の先生からアドバイスをもらっている。そんなことが小学校低学年からずっと続いた。帰り道、母親が「〇〇ちゃんはこの間、ついに喋ったらしいで」とか吹き込んでくる。無視無視無視。

クラスの子たちは、喋らない僕を喋れない子と勘違いして優しくしてくれたり、こっそり僕にだけ秘密を打ち明けてくれたりした。しかし一度だけ、みんなに声を聞かれたことがある。

ある男の先生が授業参観日に家族のことを書いた作文を発表する課題を皆に与えた。しかしそのとき、僕には作文用紙だけでなくカセットデッキが渡された。当日、学校で読めないのなら家でカセットに朗読を録音してそれを流せという。ついに覆面レスラーが素顔をさらすときがきたかと思った。さんざん迷って、家族の説得を受けて、ひとまず録音した。変な声だ。ありえないと思った。翌朝、親に背中を押されるようにカセットデッキをかついで登校した。皆が「それ何？」と聞いてくる。僕はただニヤニヤごまかす。授業が始まった。順番がきて、僕は教壇にカセットデッキを置く。クラス中、シーンとしている。作文用紙を両手で広げ、顔を隠して、朗読するポーズをとる僕。そして、再生ボタンを押した。声が教室中に流れ始めた。その間、僕はクラスのみんなや参観にきている親たちの突き刺すような視線を作文用紙の裏に痛切に感じていた。まるでフルチンで皆の前に立っているような気分だった。授業が終わり、クラスの皆が一斉に僕の席に集まってきた。ついに聞いたぞ！　と正体を見たかのごとく嬉しそうに冷やかす者、僕の声ではないんじゃないかと半信半疑の者、僕が恥ずかしさで泣いているんじゃないかと勘繰る者。僕は顔を真っ赤にして、ニヤニヤごまかし続けた。

しかし、小学校も高学年になって、僕なりに、中学に行ったらこんなの通用するはずないなと思い始めていた。中学受験をして、どこか違う地域に行ってやり直そうと思った。僕は実際に受験をしたが、学力が足りなかった。おまけに面接のときに、知っている子が後ろの順番にいたことで、声を出しそびれるという失態を犯した。結局、地元の公立中学校に上がることになった。そのとき、僕の腹は決まった。卒業式に返事をしてゲームを終わらせよう。

卒業式の日。順番に名前が呼ばれる。みんな、一世一代の声で返事をする。そして、僕の番。「やましたけんじ君」「ハイッ」返事をした。ついに解禁だ。自分の意思で覆面を脱ぎ捨てた。今日で九年間のだんまりゲームも終わり。僕は誇らしく壇上に上がった。校長先生も問題児の僕のことをもちろん知っている。卒業証書を両手で受け取ろうとしたそのとき、校長先生がマイクから顔をはずして僕にこっそり言った。「最後まで喋らんかったな」

返事をしたつもりが、緊張と長年の心のストッパー癖のせいで、声が声になっていなかったのだ。僕は複雑な気持ちで階段を下りた。

中学の入学式の後、人が入れ替わったかのように教室で喋り続ける僕がいた。小学生時代の僕を知ってる友達たちは、口が開いたままだった。「山下、静かにしろ！」と、それ以降はよく先生に怒られた。

家出・初日

なぜか小さいころから、高校を出たら家を出るものだと思っていた。大学の近くで一人暮らしすることを想定していた。しかし、成績はひどかった。出席は毎日していたが、授業中はずっと後ろの席の奴と喋ったり、寝てたり、手紙を飛ばしたりしていた。そこは落ちこぼれクラスで、先生も完全にあきらめていて、黒板の前でボソボソ独り言のような授業を続けていた。数学などは、三年間で三行しかノートに書いていない。そんな高校生が大学に受かる筈もなく、進級も卒業も追試験を受けるほどの有り様で、それさえもおまけしてもらった記憶がある。内申書は、伝説的な数字だった。一応、大学を受けたがもちろんすべてスベった。おまけに、ある大学受験の日に電車を間違えて乗ってしまい、間に合わないとわかると、窓の外に発見した行ったことのない中古CD屋に飛び込み、そこでCDを買ってそのまま帰ってきてしまったこともあった。母親に泣きながら怒られた。

大学に落ちてしまった以上、出て行く理由や口実がない。そこで僕は、強行突破を決めた。

高校三年の三学期にワコールでアルバイトして貯めたお金六万円を軍資金に、下準備を始めた。持ち物はなるべく軽くして、決行は予備校の入学日。〈前向きな音楽〉だけを編集した一二〇分テープを五本ほど作って、家出用の小さなカバンに詰めた。持ち物は、着替えの服上下一着ずつとペンとノートとウォークマンだけ。

行き先は最初、大阪を考えていた。しかし、大阪には一番仲の良かった友達が進学して一人暮らしを始めていた。すぐそこに甘えるだろうと予測できた。そうなったらすぐに親にも居場所がバレてしまう。どうせなら行ったことのない土地にしよう。でも田舎じゃなく、都会でないと仕事がないだろうな。あ、関東か、と思いついた。

決行日の前夜、いつもと変わらぬテレビのバラエティ番組を見ながら、心の中で一人、感傷的な気持ちに包まれていた。この家とも一旦お別れか、家族と次に会えるのはいつごろになるんだろうか。寝る前に勉強机に座り、書き置きを書いた。

〈しばらく修業に出ます。いつか必ず帰りますので、どうか探さないでください。〉

翌朝、僕は新幹線に乗っていた。初めて一人で乗る新幹線。まるで何かにとり憑かれているかのようだった。意識とは別に体が勝手に動いている感じだった。前の座席の網に誰かが置いていった日経新聞。僕は内容が理解できないのにそれを広げて、平静を保とうとした。窓外の風景がどんどん知らない街になっていく感覚。本当にいいのか？　今なら何事もなかったように帰れるぞという気持ちがむくむくと湧いてくる。その度にもう後戻りできないんだと思い込んだ。行き先は、横浜と決めていた。東京は人々が働くためだけに存在している〈テレビの中の街〉で、そこには家というものがなく、オフィスしか存在しないと思い込んでいた。

新横浜に着いて、まるで里帰りしてきたかのようなしらじらしい顔つきでホームに降りた。しかし、緊張と興奮でいっぱいだったのだろう。その日の計画を練るためにとりあえず入った駅ビルの喫茶店で、僕はお金を払わずに店を出てきてしまった。店員が血相を変えて追いかけてきた。僕は急いでお金を払って謝った。

地下街の書店に入る。まず、寝る場所と働く場所の確保だ。当時はまだバブルの残り火がかろうじて残っていて、求人広告誌の「ＦｒｏｍＡ」は週二回発売で、電話帳のような厚さだった。開くと、「即入寮ＯＫ」という文字が目に留まった。それは住み込みのガードマンの募集だった。僕はすぐに公衆電話に向かい、テレホンカードを入れた。すると、面接をするので、明日十一時に川崎の事務所に来てほしいという。

これで住むところと仕事は決まったと安堵した。しかし、その日の宿をどうするかを考えなければならなかった。タガがはずれた僕は、女の子をナンパして一夜を過ごそうと考えた。ナンパなんかしたことなかった。だからしてみたかった。地下鉄の広場で帰宅途中のＯＬに声をかける。ＯＬたちは表情一つ変えず、スルーしていく。腹が減ったので、ラーメン屋。カウンターに女の子が座っていた。連れはいない模様。ふんわり隣りに座る。その子はタバコに火をつけた。僕は、さっき生まれて初めて買ったタバコを取り出す。「あのー、火、貸してくれますか?」百円ライターを受け取る。そして、タバコに火を。いくらつけてもつかない。「あれ、つかへんな。しけってんのかな?」とタバコを疑う。彼女も少し興味を持ち始めた。そして、忠告された。「タバコの向き、反対だよ」全然知らなかった。僕はわざと、という感じに必死にごまかして、彼女を誘ってみた。そうしたら、彼女はカウンターの中にいる店員にこう言った。

「お兄ちゃん、誘われたけどどうしよう？」

僕はテレビドラマみたいな作り笑顔で、気まずさが充満した店内から退散した。

いつのまにか、陽が落ちていた。ウォークマンを聴きながら、横浜駅の周辺をあてもなく歩く。派手な看板が並ぶ風俗街。呼び込みのおじさんに声をかけられる。今頃いつものあの番組やってるなぁ、と実家にいた昨日までの記憶が覆いかぶさってくる。サラリーマンがゴミ集積所でヤクザに袋叩きにあっているのを見た。都会の洗礼じみた光景。思わずウォークマンのイヤホンを耳からはずしたら、都会の音に目が覚めて、なんとか平静を取り戻した。そのまま歩いていくと、いつのまにか駅に戻ってきた。もう終電の時刻は過ぎている。地下鉄へ降りる階段のところに、たくさんのホームレスが段ボールを敷き、肩寄せあって寝ている。僕もその輪のはしっこに入った。季節はまだ初春。寒くて一睡もできなかった。夜空を一晩中にらんでいた。

家出・それから

朝五時、電車が動くとすぐに川崎に向かった。繁華街のど真ん中にある雑居ビルの階段をあがる。履歴書は、嘘偽りなく書いていた。しかし、入寮を希望していることと、僕の全荷物ですぐ家出とバレた。それでも、その会社は僕を雇った。血液検査と軽い講習を済ませて、開始残高・百円で銀行口座を作らされた。あいにく今、寮が満員で空いていないという。社長は少し考えて、事務所が入っている雑居ビルの上の部屋が空いているから、ひとまずそこに住めといった。当時で家賃十七万の部屋。ダブルベッド、冷暖房完備、テレビ、冷蔵庫、洗濯機、お風呂付き。そこを給料天引きで八万円で貸すという。光熱費は会社持ち。前途洋々だ。部屋の窓を開けると、下には喧騒あふれる飲み屋街が立ち並んでいた。

次の日から早速、現場に行かされた。工事現場のトラックの誘導をする。しかしこちらは車を運転したこともなければ、ガードマンの基礎もできていないティーンエイジャーだ。車の動きを誘導できるはずがない。ある現場で僕は、トラックを誘導していて水道管を破裂させた。現場に上司はいたが、「知らん顔しろよ！」と指導された。今から考えれば、いわゆる派遣業だったのだが、そこには色んな人材が集まってきていた。自分は山瀬まみの彼氏だと言い張るニヤケ男、ガードマン職の皆勤賞を誇りに生きるおじいさん、ヤンキー上がりの建設作業員二人組、東北なまりが強く手がカチカチに乾燥した老人、いかにもワケありの同年代の女の子など。そこには人数分の物語があった。

そんなある日、僕はある男と同居することになった。その人は二十七歳で元自衛官。顔も体も漫画のキン肉マンに似ていた。彼は兵庫県の西宮市から家出してきたという。年齢からすると少し行動が遅い気もしたが、どうやら同じ境遇のようだ。彼は引越しの日、たくさんの衣装ケースを部屋に持ち込んできた。これは自分の宝物だという。中身は大量のアダルトビデオ。

スポーツ刈り、白いタンクトップ、薄手のジーパン、白のスニーカー。それが彼のいつものスタイルだった。ナルシストで気の弱い彼は、どうやったら女の子から声をかけてもらえるかということについて、いつも頭を悩ませていた。

休日のある日、「山下君、湘南に行こう」と彼が言う。見ると、彼の肩にはカセットデッキが担がれている。江ノ電に乗って、たくさんの若者がごった返す駅で僕らも降りた。海岸沿いの歩道を歩く。人が一番行き交うところまで着くと、彼はカセットデッキを地面に置いた。それから海に向かって三角座りをして、カセットデッキのスイッチを入れた。サザンオールスターズの「真夏の果実」が大音量で流れ始める。険しい顔を作って、海を見続ける彼。曲が終わった。間髪を入れず始まった次の曲はまた「真夏の果実」。最初は隣りに座っていた僕だが、いたたまれなくなってゆっくりあとずさりしていた。そして、遠くからその行為が終わるのを観察していた。夕暮れのころには、彼はすっかりテンションが上がりきり、横浜の赤レンガ倉庫の前で今度は矢沢永吉になりきっていた。指を鳴らして永ちゃんの歌を大声で唄う彼。僕は早くあの部屋を出ようと計画し始めた。

僕は、不安に押しつぶされそうになると、まるで暗示をかけるかのように目の前のやるべきことに没頭した。早番は、夜明けごろに部屋を出る。駅に向かう商店街では、たくさんのホームレスが朝日を浴びて道端で眠っている。臭いがひどいので、僕はいつも道路の真ん中を見つめたまま、バッグをかついで駅まで歩いた。昼は大体ファストフード。隣りの席で、楽しそうにじゃれあう同年代の大学生男女グループに不思議な感情を覚えた。

「ああ、オレは大学には行かなかったんだなぁ」

夜になると、下の階の飲み屋で色々な騒ぎがあった。窓からよく酔っ払い同士の喧嘩を見た。部屋の入口のほうでなんか音がするなと思ってドアを開けると、僕の部屋のドアに向かって小便をしていた酔っ払いが一目散に逃げていったこともあった。にぎやかな環境だった。

ある高級住宅街の現場の日。トラックはたまにしか通らない。立ったままで、暇との戦いだ。顔は少しずつ日焼けしていく。夕方になって、学生たちが帰宅し始める。あちこちの家から「ただいまー」「おかえり」という声が聞こえてくる。つい何カ月か前の自分の日常が鮮やかに蘇ってくる。自分は今、こんな見知らぬ住宅街で何をやっているのだろうと思うと、それがたまらなくこたえた。

夜勤の日。早く現場に着いたので、近くにあった本屋に入った。泉麻人の文庫本を買った。僕は東京を学びたかったのかもしれない。深夜の誘導は、場所によっては一晩中、ほとんど何も通らない。街灯がない場合もあり、そんなときは真っ暗闇の中、夜が明けるまで同じ場所に突っ立っているだけだ。

その日の現場はアパートが近くにあり、幸い、電信柱の灯りがあった。誰もいないのを確認した僕は、その電信柱にもたれて、いつもガードマンの制服を入れているカバンから文庫を取り出し、読み始めた。僕は夜通し、暗い灯りの下で文庫本を読み続けた。読書に集中していると、一匹の白いふわふわした毛の猫が、おもむろに僕のところにやってきた。首に鈴が付いている。根っからの野良猫ではなさそうだ。その猫は、僕の足元にからみついてきて、気持ち良さそうにそのまま足の間で眠り始めた。新聞配達のバイク音に気がついたら、夜が明け始めていた。

ヨコハマはたちまえ

ガードマンとして働き始めてしばらく経ったころ、現場監督の人と一緒にプレハブ小屋に一週間泊りがけで勤務をした。その何日めかの夜、アパートを探していることを監督に相談した。すると、その人の住んでいる横浜市瀬谷区のアパートに、住人が夜逃げしたまま放置されている部屋があるという。それでもよかったら大家に交渉してみるというので、僕はすぐにお願いした。しかし、一つ条件があった。それは親に連絡を取るということ。親には正式に自分の部屋を構えてから連絡しようと思っていた。そうすれば、帰ってこいとは言われないだろうと思っていたからだ。僕は、何か月かぶりに実家に電話をしてみた。

コールが鳴っている間、電話の向こう側で号泣されたらどうしようとか、怒り狂われたらどうしようとか、想像でドキドキしていた。最初に祖母が出た。根っから心配性の人だ。「もしもし、けんじやけど」わざとさりげなく言った。すると、「ああ、けんちゃんか」と向こうも普通な感じで話してきた。そして「あ、ちょっと待ってな。今、お母さんに代わるから」と母に代わった。その後、父とも普通に話をして、ひとまず一度家に帰るということで電話を切った。拍子抜けした。僕が突然いなくなったことなんて、そんなもんだったのか！　と少し悲しくもなった。しかし、それは実はみんなの一世一代の芝居だった。後で聞いた話によると、電話を切った後、家族全員で号泣したという。あまり大げさに対応すると、僕が帰りづらいんじゃないかと考え、もし連絡があった場合はなるべく普通に接しようと決めていたらしい。

僕がいなくなった日から、両親は時間をつくって、大阪の僕の友達の家や京都中をずっと探し回ったという。警察に届ける一歩手前だったらしい。僕は、申し訳ない気持ちでいっぱいになった。しかし、これまで心すさみながら、なんとか歩んできた道のりを無にすることはもうできなかった。僕は、京都の家族にこれまでの出来事を話し、アパートを正式に借りた。

そこは、家賃一万八千百五十円で風呂なし、汲み取り式便所付き、六畳と二畳とキッチンの部屋だった。ハンパな百五十円は、汲み取り式便所の清掃サービス代だ。夜逃げしたという部屋は、生活がそのまんま残っていた。テレビ、冷蔵庫、タンス、掃除機、洗濯機、こたつなど。布団と冷蔵庫だけ新調して、あとはそのまま掃除して使った。

時代はまだバブルがはじけて間もないころだったのに、七〇年代のやさぐれた貧乏ドラマに憧れていた僕は、納豆ばかり食べる生活を満喫した。ご飯を二合炊いて、朝・昼・晩、全部納豆ごはん。当時は県指定の標準米という安価なお米があって、それを食べた。たまに肉や魚を焼いて食べる日もあったが、基本的におかずは納豆オンリーの食生活。なので、お金はどんどん貯まり、体重はどんどん減った。

部屋には、テレビ・ビデオ・CDラジカセ・本棚・CD棚・カセット棚・ギターといったハードとソフトが手の届く位置に並んでいた。小さな自分の城を築いたとやや満足気な僕。レトロ気分に浸るため、ダイヤル式黒電話を引いていた。お風呂は裏の民家に貸してもらっていた。そこはアパートを紹介してくれた現場監督の実家で、高齢のお母さんが一人暮らしだったので、夜十時を過ぎると入れてもらえなかった。洗濯機はもちろん二層式。

アパート裏の空き地に干していた。休みの日は大体、本屋とCD屋、それからレンタル屋をブラブラ歩き、気ままに買ったり借りたり。もし、この最初に住んだアパートが取り壊しにならなかったら、大げさでもなんでもなく、僕は今でもそこに住んでいたんじゃないかと思う。あまりに居心地がよくて、引っ越す気なんてまったくなかったのだから。

そのころは、中央林間にある下請け工場でアルバイトしていた。時給がよかったのもあるが、誰ともコミュニケーションを取らず、一言も言葉を発しない生活が楽になってきていた。昼休みはいつもウォークマンをつけたまま、六階建ての工場の裏にある非常階段の踊り場で何を見るともなく過ごした。

独り暮らしも板についてきて、アルバイトを中心に生計を立てているうち、自分が何をするために家を出てきたのかがわからなくなってきていた。

このまま見知らぬ土地の下請け工場勤めで年をとっていくのかなと思うと、やるせなくなった。若い僕には、そこで働いている人生の先輩たちが人生をあきらめているようにうつってきており、得体のしれない閉塞感の中で毎日を過ごした。

ある日、求人誌を見ると「都内ライブハウスのブッキング」という募集広告が出ていた。

せっかく都会にいるのだからと思い、渋谷の事務所まで出かけた。そこは、アマチュアバンドから出演料をとって自主イベントを企画する会社で、僕らのような下っ端アルバイトは鵜飼いの鵜のような存在だった。業界に関われているような高揚感を与えられて、そこらへんのアマチュアバンドに片っ端から声をかける役目。僕らに時給はない。ノルマはあるが、出来高制のようなシステムもなかった。毎週火曜にミーティングがあり、僕は自腹の交通費で居眠りしながら渋谷へ通った。音楽雑誌に載っているバンドメンバー募集の電話番号に片っ端から電話をかけた。こんなのただの飛び込みセールスマンだ。

結局、僕がイベントを仕切ったのは一回だけで、それも知り合いに無理矢理頼んで出てもらった。ただ、そこで発行しているイベントスケジュール冊子の表紙イラストを、なぜか僕が毎回描いていた。特にイラストが上手いわけではないのに、なんとなく流れでそうなった。もちろんギャラなどなかった。稚拙なイラストを毎月描き続けていた僕は、成人式を無視して、二十一歳になっていた。

本よりも

横浜に来て最初にしたアルバイトは、書店員だった。相鉄線・三《み》ツ境《きょう》という駅の中にある本屋。朝の荷物仕分け、レジ、棚の整理。その三つが僕の仕事だった。季節が初夏だったので、クーラーがまだ効いていないオープン前の仕分け作業のとき、毎回汗が床に垂れた。しかし基本的には気楽にやっていたように思う。売り上げを気にすることなんてなかったし、ただ言われたことだけをやっている無責任で能天気なフリーターだった。

店長に言われたことだけをする。言われたこと以外はしない。というより、思いつきもしない。働くということがまだ何もわかっていない年代。その場にいて時間が経過するのを待っていれば、お金がもらえるというような受け身感覚。おまけに生意気。店長は苦々しかっただろう。半年ぐらいで僕は適当な理由をつけて辞めてしまった。その後は、一年くらいやっては職を変えるというサイクルでアルバイト経験を無駄に増やしていった。

当時、僕はパーマをかけていた。頭頂部をモアモアに盛り上げて、横はヴォリュームを抑え気味にする。もみあげは、伸ばせるだけ伸ばす。しかし、毛深くない僕のもみあげは〈耳の前の毛が長い〉という感じにとどまっていた。本人は、「フリーホイーリン」のころのボブ・ディランのつもりだったが、周りからは、林家ペーと言われた。

そのころは、アパートの近くにあった暗い雰囲気の古本屋と、駅前的な品揃えの新刊書店に、ほぼ毎日ふらふらと寄っていた。しかし、僕はあいかわらずの立ち読み小僧で、寺山修司やチャールズ・ブコウスキー、雑誌の「ＳＴＵＤＩＯ ＶＯＩＣＥ」などを店頭で熟読するだけだった。本を買って帰ることはまずなかった。それは、お金がないという理由も大きかったのだが。

お金は主にＣＤ代に使った。レンタルＣＤ屋で六〇年代ポップスの和製カバー集を借りたり、新聞広告の通信販売で美空ひばりボックスセットやムード歌謡ボックスセットを買ったり、ジャズのレアグルーヴ・コンピレーションを衝動買いしたりと脈絡なく聴いていた。

アルバイトの時間以外はいつもウォークマンを聴いていた。それもラジオ付きウォークマン。テープを聴き飽きると、FMラジオで新しい音楽を探した。持ち歩くカバンの中はいつもカセットでいっぱいだった。

どうしてそんなに音楽を欲していたのか。心を閉ざしていたのだと思うし、現実逃避をしたかったんだと思う。その道具として、若い僕にとっては読書よりも音楽の方が手っ取り早かったのだろう。

たまにライブハウスにも行っていた。西荻窪にアケタの店という小さなライブハウスがあって、そこに誰を見るわけでもなくふらっと入って、気に入ったミュージシャンの自主制作カセットを買って帰ったりしていた。同じミュージシャンのライブに何回か顔を出していると、お客も少なく、ステージとの距離も近いので、なんとなく顔見知りになってしまい、打ち上げでお好み焼きを一緒に食べることもあった。

そのころは、一言も喋らないで終わる日がザラにあった。そんな毎日でもまったくさびしくなかった。淡々と自由を謳歌しているつもりだった。しかし、自分が何をしたいのか、どうしたらいいのかを摑みきれないでいるのも確かだった。休みの日になると、ふらふらと一人で街へ出て、歩き疲れてアパートに帰る。都会はすぐ近くにあるのに、遠い存在だった。新宿、渋谷、下北沢、原宿などへは、数えるほどしか遊びに行ったことがなかった。それらの街は、僕にとっては、やはり疲れて帰る場所だったのだ。よく歩いた街は、浅草、神保町、上野。若者ばかりではない街が好きだった。そういう街を、僕はウォークマンを聴きながら歩いた。

自分自身の気持ちのやり場も将来も、何も見えていなかった。若さという猶予の中で。

ガケ書房という出版社

一九九二年の暮れに荷物の仕分けアルバイトをしていた。そこで同い年のとっぽいバンドマンと知り合った。彼は、自分のバンドを持っていて、ローリング・ストーンズのカバーをしていた。聞くと、彼は武蔵野美術大学の通信教育学部に籍を置いているという。大学に行けなかった僕は、キャンパスライフに惹かれた。通信教育学部は、入学試験がなく、入学金さえ払えば入れるという。さらに、通学生が休みになる夏休みや冬休みは、大学で授業も受けられるらしい。話がわかる友達が欲しかった僕は、そこに行けば仲間と出会えるかもと思い、すぐに案内を送ってもらった。

二十一歳になった僕は、通信教育学部デザイン科編集計画コースというところに籍を置いた。待ちに待った夏休み期間。教室に入ると、年齢や性別の不揃いな人たちが集まっていた。主婦、学びごと好きの三十代女性、真面目そうな年配の男性、セミプロのカメラマンなど。ふと見ると、教室の隅で地べたに座り、塞ぎ込んでいる男がいる。次の日、羽織袴で学校に登校してきた彼を見て、変わった男だなと思った。彼は、三島宏之といった。

なんとなくその面構えと行動力に「コイツはわかってるかも」と思い、彼に目を付けた。当時僕は、一緒に新しい価値観を創り出せるメンバーを探していた。〈わかっている〉というのは、その時代の流行の最先端のフォロワーではなく、普遍的な独自センスを持っているということで、さらに僕の志向で云えば、インパクトとユーモアを兼ね備えていることだった。

ある日、校庭で友人を待っていると、そこに三島がやってきた。聞くと彼も同じ男を待っているという。その手持ち無沙汰な時間、僕と三島は初めて会話らしい会話をした。三島は、エネルギーが溢れているのか、バク転などをしながら落ち着きなく話した。僕らは二十一歳なりのこれまでの自分たちのハイライトを校庭の芝生の上で報告しあった。

なにより同い年というのが大きかった。それで、何か一緒にやろうという話になった。

彼も僕も音楽が大好きだったが、なぜかバンドをやろうという展開にはならなかった。お互いひねくれていて、どこかでけん制しあっていたせいか、紙を使った媒体で何かしようという結論に行き着いた。何をする？　最近読みたい雑誌がないな。そうだ、雑誌を作ろう。雑誌だ、雑誌！

とはいえ、僕たちは雑誌というものがどういう風にできているのか、どういうものを指しているのか、いまいちよくわかっていなかった。

当時僕は、一眼レフのカメラを買ったばかりで、街角写真を撮りまくっていた。それは、何の技術も持たない若者が選択しがちな、安易な表現手段だった。街で勝手にシャッターを切っては、オジサンたちによく怒鳴られた。決定的瞬間を逃すと、いつも自分の目がそのままシャッターだったらどんなによい写真が撮れるだろうと悔やんだ。

そういう毎日を過ごしていたので、写真が主体の雑誌を作ることになった。レイアウト方法も入稿の仕方もなにも知らなかった。白紙の紙に現像した写真を直接、貼る。それにトレーシングペーパーをかけて、手書きの文字原稿を直接、貼る。最終的に完全なダミー本を作り、電話帳に載っていた一番安そうな印刷会社に電話した。今から思えば雑誌というのは名ばかりで、それは二人が撮った写真集だった。両面表紙で、それぞれの方向からそれぞれの写真世界が始まり、ちょうど真ん中で区切られる構成だった。半分ずつのページ数なので、製作費もきれいに半分ずつにした。

雑誌名はどうしようかということになった。一番最初に却下したのは、英語表記だった。それは九〇年代インディー物の主流で、それに追随することは安直で新しくない選択に思えた。では、日本語でやるとして……漢字？　いや固い。思想系の機関誌みたいだ。ひらがな？　それは狙い過ぎに思えた。カタカナが丁度いい。日本人が勝手に作った表記法。そういう突然変異的なニュアンスの言葉がいいと思った。その中でもありそうでない言葉。海外ではまったく通じない勝手な言葉がいい。色々なタイトル案が出たが、長音を使った造語がいいと思った。発音、字面を考慮した結果、誌名は「ハイキーン」に決まった。なぜそうなったかということは、当事者たちにも説明できない。ただ、当時のカッコいいとカッコ悪いのギリギリのラインを突き詰めた結果だった。「ハイキーン」のロゴは、往年のヒーローロボット（マジンガーZなど）のタイトルロゴをモチーフに、三島が手書きで作った。

次に考えなくてはならないのは、チーム名だった。これも同じ路線でいく方針だったが、なぜか「書房」をつけたかった。出版社ごっこがしたかったのかもしれない。色んな書房がノミネートされたが、「ガケ書房」という言葉が出たとき、お互いに「それでいこう！」と大声をあげていた。僕たちは意気揚々とゲリラ集団を結成した気分になって盛り上がった。

山下側の表紙は、デパートの屋上で高校時代の長身（百八十五センチ）の同級生を電動式ぬいぐるみに座らせて撮った正面写真。三島側の表紙は、ガソリンを口に含んだ彼が本物の火を噴いている写真。創刊号の部数は、二百部。この本を全国的に売って、生活していくことを僕は夢想していた。インターネットのない時代の甘い無謀な夢。三島は僕の野心に驚いていた。

ハイキーン創刊号。1994年12月発売。定価300円。ロケ地は、今はなき近鉄百貨店屋上。

自分で作った本を置いてもらうには

「ハイキーン」創刊号が刷り上って六畳一間のアパートにどっと届いた日、僕たちは嬉しさと同時に不安も覚えた。こんなにたくさんの在庫をはたしてさばくことができるのだろうか？　一体、どこでどうやって販売すればいいのか？　九〇年代前半、自費出版物の販路はある程度整ってきていたが、僕らは何も知らなかった。

ある日、三島はどこかから、模索舎という店を探し出してきた。模索舎は僕も一度行ったことがあった。新宿二丁目にあり、政治的なビラ冊子や前衛音楽のCDなどを置いていた。そういう店に初めて入った僕は、すべての商品が危ない思想に溢れているように見えて、変に興奮したことを覚えている。そこに恐る恐る、お願いにいった。意外にすんなり置いてもらい、帰り道は「ハイキーン」がもうこれでベストセラーになったような気がして、独りで喜んだ。

他には、中野にあるタコシェというサブカルチャーショップにも置かせてもらった。タコシェは、作家という人種をすごく近い距離に感じられる店だった。「ハイキーン」を置いてもらうことで、「ああ、俺は今、表現者たちがたくさん住んでいる東京という街にいるんだな」と実感した。

飛び込みで普通の書店にも交渉に行った。むげに断られることもあったが、中には興味を持ってくれる店もあった。しかし、そういうときに決まって指摘されたのは、「どこの棚に置いたらいいかわからない」ということだった。こちらは一応、雑誌と謳っていたのだが、どう見ても写真集だったので、お店の人を混乱させた。また、まったくの素人なので、いざ納品するときに納品書の書き方も知らなかった。店長さんにバックヤードで教えてもらいながら書いた（これは、自分が後に店をやるようになって、持ち込みの場合はそういう人がほとんどだということを知ることになる）。

あとは、三島がバイトしていた町の本屋に置いてもらったり、後期には、京都大学前にあったあーすＳ書房や、名古屋のヴィレッジヴァンガード本店にも置いてもらったりした。しかし、営業活動は心折られることも多く、日々の生活に追われながら、段々とすべてが億劫になっていった。僕たちは、営業が苦手だった。東京での成功にときめきを感じているくせに、東京でうまく立ち回るテンションが続かなかった。

結局、「ハイキーン」は、三年間で三冊出た。創刊号は、ほぼ二人の写真集。二号はメンバーも一人増え、雑誌っぽく、おおまかなコンテンツを作った。ロケをしたり、ルポをしたり。でも、僕の担当ページはほとんど創刊号のノリのまま。そして、三号目はなぜか集大成的なものになった。写真をベースにした冊子ということは共通しているのだが、そこにそれぞれが考えたコピーを添えるという構成だった。いってしまえば広告写真の集合体のような冊子だ。そこに「ハイキーン」仲間募集のページを作ったら、背の高い女の子が一人応募してきてくれた。そのことだけが、「ハイキーン」にとっては唯一のリアクションだった。

エロ本を作る青年

「ハイキーン」がいち段落したころ、僕はある出版社の編集者募集の記事を目にした。アポイントをとった僕は、面接に「ハイキーン」創刊号をポートフォリオとして持参した。行ってみるとそこは、アダルト系の本やビデオを制作・販売している出版社だった。生きているうちにやれることはなんでもやると二十歳のときに決めていた僕は「男優的なモデルをやることもあるかもしれないが、大丈夫か？」と問われて少し戸惑ったが、編集業務に携わってみたい気持ちをおさえきれず、いいですよと言った。あっさり僕は採用された。

最初に配属されたところは、女性向けアダルト雑誌の編集部だった。僕と同時期に入った男性と、編集長を除くと、全員が女性編集者で、雑誌の打ち合わせでは卑猥な単語が挨拶のように飛び交っていた。雑誌の内容は、ＡＶ男優と読者が絡むグラビアがあったり、読者投稿体験談の再現グラビアがあったり、アダルトグッズショップレポートがあったり。驚くべきことはヤラセが一切なかったということろだ。本当に毎月、読者体験談やグラビア出演希望が届いた。女性たちの何がそうさせているのかわからない。のちに、男性ＡＶ雑誌の読者投稿コーナーをまるごと受け持ったことがあったが、そのときはイラスト投稿ぐらいしか本当の投稿はなかったのに。

入社して三カ月ぐらい経ったある日、いつもの男優さんの手配がつかず、ついに僕の肩が叩かれた。そういう条件で入ったのだから、引き受けるしかない。同期入社だった男性は元々男優経験があったらしく、涼しい顔でこなしていた。

当日の朝、現場入りすると編集長と先輩女性編集者たちが先に来ていた。いつも一緒のオフィスで働いている人たちの前で、しかも女性の前で裸になるのは抵抗があったが、変なところで早々に覚悟を決める僕は、なるべく平静を装いながらすっぽんぽんになった。そのページは四十八手の写真説明ページで、僕は色んな体位をモデルさんと一緒にやった。一応、アソコに黒いコンドームをして撮影に挑むのだが、特殊なシチュエーションの中で大きくなるわけがなく、てろんてろん。

　撮影はなんとか終わり、また日常が始まった。編集部内ではいつもの空気が流れ、皆、当然のように普通に接してきた。あとでわかったことだが、編集部内の女性編集者や女性ライターたちも皆、バックナンバーでしっかりモデルをしていたようだった。変な仲間意識があったのかもしれない。それから、何回かモデルをしたが、同じ現場でプロの男優さんがちゃんと大きくなっているのを見て、凄いなぁと思った。

　その後、僕は洋物アダルト編集部に異動になり、そこで初めて編集業務に関わらせてもらえた。男三人の編集部。そこでは、取材、編集、レイアウトデザイン、ライター、原稿取りと、ほぼ撮影以外のすべての業務をやった。海外のエロ情報を翻訳する仕事もそこに加わった。今もまだあるのかわからないが、版下用紙というレイアウト用の紙があって、それにおおまかなレイアウトを定規とフリーハンドで描く。ネームと呼ばれる文字は、まずN字形に線を引いて、文字の大きさを級数表で測って字数を決める。そこからフォントや見出しや文字修飾や罫線をすべて鉛筆で手書きし、版下用紙に直接、指定用語を書き込む。写真部分はネガを拡大鏡で見ながら鉛筆でなぞって、アタリを取る。それらができあがってきたらまとめて、飯田橋にあった写植屋さんに持ち込む。画像が海外からEメールでデスクトップパソコンに送られてきたら、それをMOディスクに書き込み、水道橋にあった出力センターでプリントアウトしてもらう。あがりがとても遅いライターさんや、片道二時間かかる距離に住んでいるデザイナーさんの原稿をもらいに行くと、それだけで一日が終わった。そういう日は、電車の行き帰りでは口をあけて寝ていた。凸版印刷に出張校正に行って、最終の文字校正と色校を終えれば、なんとか校了。パソコン上で編集するDTPが一般的になる寸前の話。締切が近づくと、僕たちの手のひらの側面は、鉛筆うつりでいつも真っ黒になった。

編集業務も馴れてきたある朝、出勤すると会社が黒焦げになっていた。たまに仕事に行くのが億劫なとき、「ああ、急に会社がなくなってたりしいひんかなぁ?」と思ったこともあったが、その日、出勤したらそれが現実になっていた。ビルは丸焦げだった。どうやら放火らしい。当時、出版社荒らしというのが続いていて、他の出版社では編集室をウンコまみれにされたところもあると聞いた。夜中の人がいない時間だったので、犠牲者はなかった。火はすでに消されていたので、関係者の僕たちは状況を確認しに中に入った。建物中が焦げ臭かった。僕の編集部のあったフロアは特に燃焼が激しく、机や椅子はもちろん、資料類も黒焦げ。覚えているのは、エアコンが溶けてドロッと垂れ下がっていたこと。幸い、最新号の原稿はもう入稿済みだったので、僕たちの苦労はなんとか報われた。しかし、次号からの仕事部屋がなかった。しばらくのんびりした日々を送った後、会社が持っていたもう一つのビルの、一階通路の踊り場のような場所に仮設編集室が用意された。そこでまた、ハードでアナーキーな毎日がずるずると始まった。

しかし、新しい編集室での作業も馴れ始めたころ、突然、洋物アダルト雑誌が休刊することが発表された。少し前に誌名をリニューアルした段階で、そろそろヤバいという噂はなんとなくあったが、終わりは本当に突然宣告された。編集長は、早速新しい雑誌を創刊するので君らも何か企画を考えろという。僕は、ひとまず考えられるだけの洋物アダルト誌の企画を提出した。その中の一つが採用され、新雑誌は会社の審査も通り、発売までこぎつけた。しかしそれとは逆に、僕は自分のモチベーションがどんどん下がっていくのを感じていた。

どこかにガケ書房を置いてきたような気がずっとしていた。勝手なもので、エロ本を作り続けるために出版社に入ったんじゃないと思い始めていた。もう一度、ガケ書房として「ハイキーン」を再開したいと思い、僕は会社を辞めた。

僕は、エロ本を作っていたということが、一時、恥ずかしかった。のちに取材で過去の経歴を聞かれても、「東京で編集者をしていました」とかっこよく済ませていた。

しかし、改めて振り返った今、恥ずかしいと思っていた自分の自意識の方を恥ずかしいと思う。

むなしい仕事

僕は編集者の次に、印刷工をした。そこは、日本郵政公社のかんぽの宿のチラシなどを主に印刷している会社で、家族経営の町工場。父・母・息子の三人家族。赤の他人は僕一人。職業安定所で、どちらかというとお金優先で選んだ職場だった。

一階が作業所で、二、三階が家族の住居。僕は薄暗いインクの匂いが染み込んだ作業場で一日中、チラシを刷る毎日。オーダーが入ったかんぽの宿の住所をチラシに五百枚〜三千枚印刷する。輪転機に版下を巻いて、そこに黒インクをウエス（布きれ）で刷り込む。印刷する紙の束が一枚ずつ機械に通るように、紙を縦横に丁寧に手でほぐして空気を隙間に入れ、印刷機にセットする。少しずつ位置を調整しながら試し刷りをし、場所が決定したら、あとは印刷のスイッチを入れるだけだが、そのころには爪の中まで真っ黒だ。

社長は七十歳ぐらいの人で、丁寧に僕に機械の扱い方を教えてくれた。印刷作業は社長が自ら行っていて、僕より三歳年上の一人息子は基本的に外回りの営業を担当していた。夕方になり仕事が終わると、大体、二階のテーブルで社長と奥さんの晩酌の相手をさせられた。社長の苦労話が酒の肴だ。

聞けば、社長は終戦直後、新宿でヤクザをしていて、闇米販売でしのいでいたという。今の奥さんは後妻で、社長が通っていたキャバレーのナンバーワンホステスだったらしい。僕にはその面影が見えなかった。

背が低くずんぐりした感じの奥さんは片足が悪く、いつも少し足をひきずって歩いていた。たまに精神が不安定になるのか、突然、赤ん坊のような奇声をあげて泣くことがあった。ある日の夕方、暗くなってきた作業場で仕事をしていると、いきなり「あんたもあたしの悪口を陰で言ってるんでしょう」と詰め寄ってきた。身に覚えがない僕は、とりあえず奥さんを落ち着かせて難を逃れた。その後、社長にドヤされた奥さんの赤ん坊のような泣き声が二階からもれ聞こえてきた。赤の他人の僕は、家庭内の問題をなるべく無視して、ただ仕事だけに従事しようと思っていたが、劇画のようなこの世界がつらくなってきていた。いつ辞めようかと思案していたとき、事件は起こった。

父親である社長の期待と愛情を一身に受けた息子は肩書き上、専務だったのだが、僕が出勤する時間には大体スーツを着て外回りに出かけた。僕が入ってから、社長は印刷作業をしなくてもよくなったので、二階で奥さんと一緒にテレビを見て夕方まで過ごしていた。しかし、僕は知っていた。息子が仕事に行くふりをして、毎日、パチンコなどに行っていることを。つまり、赤の他人の僕だけがこの家族の手足となって働いていることを。限界が近づいていたある朝、社長が血相を変えて僕を二階のテーブルに呼んだ。そこには、下を向いて座っている奥さんと息子がいた。話を聞くと、息子の悪行が社長にバレたらしかった。彼は仕事に行くふりをしてキャバレーに行っていた。なんと半年で、会社の金千五百万円を経費として使い込んでいたのだ。社長は怒号をあげて、こう言った。

「こんな会社もう辞めだ！　こんな息子になんかまかせられない！」

二カ月前にパソコンを導入して、家の向かいに新しい作業場を新設したばかりの出来事だった。息子の名前は、会社名から一文字取られていた。彼が生まれたとき、跡取りとして期待を込めてその名をつけたのだろう。社長は静かに僕に聞いた。

「君はどうする？　もし、君がやる気があるのなら君に跡を継がせる」

僕の答えは決まっていた。もう自分の世界に戻りたかった。でも、建前上、こう言った。

「一日、考えさせてください」

申し訳ないが、僕は帰り道、嬉しさをこらえきれなかった。いつもの帰り道の風景があんなに輝いて見えたのは自分でも驚きだった。

こうして僕は自分の世界に戻った。あの後、会社がどうなったかは知らない。ただ、苦労人の社長に平穏な日々が訪れることを願った。

振り出しに戻った僕には、もうガケ書房を再開するモチベーションはなかった。そのころ、三島は本格的に写真を撮り始めており、たくさんのアマチュアミュージシャンのライブ写真を撮りながら、コミュニティーの輪を広げていた。僕は彼が主催したライブイベントを見に行って、ステージ上のミュージシャンを生き生きと撮影している三島を客席から眺めた。僕はそのころもう結婚しており、仕事の上でのカタルシスは求めないようにと思い始めていた。お金を得るための仕事をして、いつか生まれてくるだろう子どもを育てていく人生を全うしようと思った。

仕事はもうなんでもいいと思い、教材の営業職に就いた。初めてスーツを着る仕事。おまけに初めて運転する車。免許は持っていたが、ほとんどペーパードライバーだった。僕はそれを言わずにそこに入った。

その会社は、分割払いで総額百万円ぐらいする小学校の教科書の問題の解答集を売っているところだった。朝の朝礼では、最初にその日の営業目標を大声で順番に叫ぶ。そしてそのまま電話台の前に座り、名簿に載っている家に片っ端から電話をかけていく。もちろん、ガンガン切られる。これはよくある電話勧誘セールスだからだ。まず、何歳ぐらいの子どもがいるのか何気なく聞いて、当時出始めの「スカイパーフェクTV！」の契約も絡めたプレゼンをする。クロージングアウトとか業界用語があって、どの段階まで相手に話ができたかを用語を使って名簿にメモしていく。比較的長めに話を聞くような人には日を変えて、また違う人間が電話をする仕組みだった。アポイントがようやく取れたら、車で現場に向かう。

その日僕は、コピーした地図を助手席に置きながら、初めて現場まで運転していた。到着したのは、千葉の田舎の八百屋。明るく挨拶をする。人がよさそうなご主人だ。奥の座敷でお茶を出してくれて、話を真剣に聞いてくれる。話せば話すほど、自分が薄っぺらくなっていくのがわかる。僕は帰りがけにそこでバナナを買った。少しでも印象を良くしたかったんだろう。

そして、その帰り道、僕は見事に事故った。赤信号で止まっている最中、助手席に置いたバナナを取ろうとして、ブレーキペダルを離してしまったのだった。

かなしい仕事

知らない間に車は前にゆっくり進んでいた。ガシャンという鈍い音がして、ようやく前の車のバンパーに当たったことに僕は気づいた。車からおじさんが降りてきて、端に寄せるように指示された。事故対応をどうすればよいのか、僕はまったくわからない。幸い、おじさんは会社社長で、良心的に対応してくれ、なんとかその場はお互いの保険でまかない収まった。

しかし、その日はもう一軒、訪問販売に行かなければならなかった。おじさんと別れて現場に向かう。かやぶき屋根のような房総の田舎の一軒家に、また人のよさそうな大家族が住んでいた。お父さんが仕事から帰ってくるまで、あがって待たせてもらう。小学校低学年の兄弟たちがじゃれあって遊んでいる。お母さんは台所で夕食の準備をしている。ご飯の時間になって、お父さんが帰ってきた。僕は練習させられたセールストークをするが、肝心の金額の部分になると、あまりにも高額なのでお父さんの顔が曇る。僕もそう思うから、強く出られない。優しい笑顔で断られる。僕はホッとしていた。もし契約が成立していたら、僕は罪悪感にさいなまれただろう。

実際、その後に知った会社のやり方は僕の心を荒ませるに充分なものだった。社員教育の時間では、上司からセールストークの講習の他に、罪悪感を捨てさせる講習が一緒にあった。君たちは最終的には子どもたちの学力をあげるという「いいこと」をしているんだと教えられた。社員たちの罪悪感の元凶は、高額な商品を売りつけるということもあるが、一番はアポイントを取るための名簿の作成方法にあった。

子どもたちが小学校から帰ってくる午後三時三十分から五時ぐらいまで、社員たちは会社が業者から買ってきた不完全な名簿を見て、電話をかける。なぜこの時間にかけるのか？その時間は母親が買物に行く時間で、子どもが比較的、家に一人でいる時間だからだ。そこを狙って、こう電話をかける。

「もしもし、こんにちは。お家の人だれかいる?」

いないと小学生が答えれば、次の段階に進む。

「ああ、そうか。困ったなぁ、おじさん、君の小学校の卒業アルバムを作ってる印刷会社の人なんだけど、その名簿がちょっと手違いでバラバラになってしまったんだ。それで、君が学校からもらった名簿があったら、おじさんにわからないところを教えてほしいんだ」

大体の子どもは皆、素直に一生懸命教えてくれる。まるで人を助けていいことをしているみたいに。この電話は、心がどうかしてないとできないことだ。でも、あることがあって僕は本当に辞めようと思った。

いつものように、夕方電話をかけた。小学生の男の子が出た。いつものやり方で話し始める。しかしその子は、いつもの子どもたちとは様子が違った。何を言っても、途中からずっと黙っていた。よく聞くと、呼吸が荒い。もしもしと何度も呼びかけると、ようやく口を開き、声変わりしかかった声でこう言った。

「あなたの名前と電話番号を教えてください」

汗がどっと出た。男の子は呼吸を乱しながら、続けた。

「この前、学校で……こういう……電話が……最近、多いみたいだから……気をつけましょうって……いうプリントをもらった……。あなたの名前と電話番号を教えてください！」

僕はたまらず電話を切った。男の子は凶悪犯人と話をしているような気持ちだったのかもしれない。もう辞めたいと心から思った。

思えば、ここに集まってきている社員たちは皆、何も見ないふりをして毎日を過ごしているようだった。先輩社員は、車の中で僕にこう言ったことがある。

「お金が貯まったら、こんなとこ辞めて、ラーメン屋を始める予定なんだ。お前も何か目標があったほうがいいよ。こんなとこ、長くいるところじゃない」

身も心も会社に捧げているように思っていた先輩からそういう言葉が出てきたことにビックリした半面、少し安心した。会社は一応、二部上場しているところだったのだが、人の善意につけこんで得たお金で成り立っているようなものだった。僕は上司に会社を辞める意思を伝えることを決めた。上司は、激昂した。そして、前に事故をおこしたときの損害金を実費で給料から払えと言ってきた。とにかくここにいたくなかったのでその条件をのんだ。正味、二週間での退社だった。

僕は、その場所でしか通用しない悪しき暗黙のルールというものが世の中にはたくさんあるということを学んだ。

古本屋という熱病

自分が一生、やっていく仕事とは何なのだろう？　二十代のころ、僕はいつもそのことばかりを考えていた。基本的に僕はあまり色んなことをやりたくない人間だ。一つの仕事が見つかったら、できればもうそのことだけを死ぬまでやっていたい。でも、色んな事情でそうならない。住むところにしてもそうだった。必要に迫られるから引っ越すだけで、何もなければ、ずっとそこにいたい。

二十代の初めのころは「何者か」になることを念頭にやりたくない仕事をしていたが、三十歳が近づいてくると、生活のための仕事を割り切ってやろうとし始めていた。でもそれが、結果的に自分に合わない職場環境を選ばせることになっていた。その反省もふまえて、少しは自分の興味のある仕事で生活しようと思い直した。

そんなとき、総武線の新小岩駅周辺を歩いていて、「新規古本屋オープニングスタッフ募集」という貼り紙を見つけた。なぜかコレだと思った。僕は本屋という空間がやはり好きだったのだろう。

僕は、そこの第一号社員となった。オーナーは元々輸入業などをしていた人らしく、白髪交じりの長髪を後ろで結わえたダンディな雰囲気の人だった。その直属の部下には叩き上げっぽい怪しげなおじさんがいて、僕はその人とコンビでその店を切り盛りした。おじさんも僕も古本業界は完全な素人だったので、自分たちのルールで仕事をした。店の品揃えはコミックが中心で、書籍や文庫は赤川次郎、西村京太郎なんかが棚に大量に並んでいるような、かなり雑なものだった。肝心のコミックにしても旬の作品はほとんど並んでおらず、近所にあった新古書店に行って、なけなしの知識でコミックを背取りして仕入れていた。古い作品はまだ価値をなんとなく予想できたが、旬のものはよその店を参考にする始末だった。そのうち、出張買い取りなんかも頼まれることがあったが、おじさんは、引っ越す人の「早く在庫をなんとかしたい」という弱みにつけ込み、ムチャクチャ買い叩いていたような気がする。そうこうしているうちにアダルト商品なども置き出して、店はすぐに惰性の一途を辿り始めた。

でも、二十七歳になっていた僕は、そんな中で自分のフィールドを見つけようと必死でもがいていた。ある日、大量の雑誌のバックナンバーをおじさんがどこかから仕入れてきた。僕は、その一冊一冊に独自の価値観で値段を付けた。そして、そこに登場している人物や、特集、時代背景などをポップで明らかにし、売りさばいた。

僕がその店で覚えたのは、自分の価値観で商売ができるという面白さだった。前に新刊書店でアルバイトしていたときは定価でしか本を売れなかったが、古本屋ではどんな本でも自分の物差しで価値を決められるのが快感だった。よその店では三千円の本も自分の店では百円ということもありえるし、よそで百円で売っている本に新しい価値を与えて三千円で並べることも可能だった。まだインターネットがそれほど普及していない時代、それはやりがいのある面白い体験だった。買う人は、今みたいにヤフオクやアマゾンの相場ではなく、その店の価値基準というものを信じて本を買う。これは、騙しているわけでも騙されているわけでもなく、その提示された値段で買うということは、お客さんがその価値を認めたということなのだ。

この面白さにハマった僕は、もうすっかりこの店で古本屋をやり続けようと決めていた。店をやるという発想は、それまで一度もなかった。以前の本屋のアルバイトのときは、店に立つという面白さにまで至らなかった。ただ、お金が貰えるというだけでそこにいた。思えば、工場勤務、編集者、印刷工など、どれもがお客さんという最後の消費者と直接触れ合う仕事ではなかった。僕は、自分で仕入れて値付けして棚に並べた本を嬉しそうに買っていくお客さんと接することに、これまでにない充足を感じていた。お客さんと価値観を共有できているような気持ちになった。

僕がその店で働き続けたいと思ったもう一つの理由は、少しずつ僕のルールで店が動き始めていたからでもあった。オーナーは、おおらかな感じの人だったので、好きなようにやってみろという感じで早々に店をまかせてくれていた。おじさんもいつのまにか僕を信頼してくれるようになり、僕は新たに入ってきたアルバイトの子たちと自分たちの店づくりをするようになっていた。幸運にも駅前の立地だったので、店には通勤帰りなどのお客さんがどんどん入ってきていた。僕は、不勉強ながらも新しいスタイルの古本屋を模索した。ジャンルや内容を超えて、文庫の背表紙の色だけに着目し、七色になるセットを作ってみたり、新書には「なぜ〜なのか？」というタイトルがやたら多いので、そればかり集めたセットを作ったりして、思いつく限りのことを店の中で実験した。

ただ、問題はあった。その店の二階にはオーナーが経営している個室ビデオ店があったのだが、そのフロアにはこれまで買い取った本が置いてあった。その量は日に日に増えていき、段々とどこに何が置いてあるのかがわからなくなってきていた。さらに、二階の床の耐久性も怪しくなってきており、買い取りが増えれば増えるほど、この在庫の管理状態は悪化していった。

何より一冊の本が売れていくスピードと、本を複数冊同時に買い取るスピードが圧倒的に違った。欲しい本のために、いらない本も一緒に買わなければならないときもあった。そういう本は、他の古本屋に売りに行ったりしたが、一度大きく膨らんだ倉庫の在庫量は、そんなことでは簡単には解決しなかった。

なんとか自分なりの希望を見つけながら、ひとまずこの店を切り盛りしていこうと思っていたとき、実家から連絡が入った。祖母が危篤だという。

これから色々大変だから、もうそろそろ京都に帰ってきてほしいとのことだった。僕は、ひとまず急いで京都に帰った。僕が病室に着くと、祖母は僕を待っていたかのように、亡くなった。やっと骨を埋められそうな仕事が決まった矢先に、祖母の死と帰郷を迫られたことはショックだった。

そのあと、祖母と入れ替わるように長女が生まれた。僕は子どもを育てるなら京都がいいなと思っていたので、少しずつ京都に帰る気持ちを固め始めた。そんなころ、今度は父親の体にガンが見つかった。二〇〇二年二月、僕はもう京都に帰ることを決めた。

新刊書店員デビュー

京都に帰ってきたはいいが、何の仕事のあてもなく、将来的に店をやりたいという意向だけが生まれていた。でも、どうすればいいのかわからなかった。

古本屋は買い取りをし続けなければ、店が回っていかない。現状の在庫だけでは、すぐに棚が膠着してしまう。新入荷在庫を回転させていくことだけが棚の鮮度を、ひいては店の鮮度を決めるからだ。しかし、買い取りが順調になれば、売れていく冊数の何倍もの本の引き取りが毎月発生する。難しいのは、一冊の本がすぐに売れても、その本がまた入ってくる保証はないということだ。ましてや、前に買い取った値段と同じ、もしくは安価で入ってくる確率はたいてい少ない。逆に、売れない本は何度でも入ってくる。それは、かって新刊としてベストセラーになった本。出版から三年くらい経って、完全に消費され、誰もが手放し、世間の余剰在庫として価値は下がり、買い取り価格も販売価格も底値となった本。

そういう現場を見てきた僕は、古本屋はとにかく在庫をどう管理するかに尽きるなと感じていた。どうしようかと思った。自分の価値観をお客さんと共有できる〈店〉という空間を切り盛りすることは、そのときもう、僕にとって一生続けたい仕事になっていたからだ。

それで単純な僕は、「あっ！　そういえば新刊だったら売れなくなった本は返品できるし、欲しい本は注文したらいくらでも同じ仕入れ値で入ってくるじゃないか！」と思いついた。僕はあっさり、古本屋から新刊書店にシフトチェンジしたのだった。早速、丹波口の駅前にあった個人経営の本屋でアルバイト募集の貼り紙を見つけ、面接を受けに行った。

そこは僕の理想のこぢんまりとした広さの店だった。駅前にあり、店内も小ぎれいで、個人経営の本屋の勉強をするにはうってつけの店だと思った。面接で、近い将来本屋をやりたいという意向を話すと、店主は開口一番、本屋をやることはあまりお勧めしないと言った。この店は駅前にある立地や長年の信用でなんとかやれているけど、これから新規で本屋をやるのは本当に大変だよと親身になって教えてくれた。道が険しいことは予想していた。しかし、人はどんなアドバイスを聞いても、実際に痛い目に遭わなければ本当に理解はできない。そういう現状を頭ではわかっているつもりでも、自分は違うとか、なんとかなるとか思いたいし、実際、そう思ってしまうようだ。僕は何日後かに不採用の電話をもらったが、とりあえずコンビニの深夜アルバイトをしながら、次の展開を探ることにした。

ある日、求人誌を見ていると、新刊書店が契約社員の募集をしていた。二十九歳になっていた僕は、採用されるか自信がなかったが、これまでの職歴を武器に面接に挑んだ。前回は本屋をやりたいということをアピールしすぎて不採用になったのかもしれないと思い、今回の面接ではさらっと言う程度にした。それが功を奏したのか、採用の知らせをもらい、僕はそこで書店修業を始めることになった。

その店は、大手ショッピングモールの中に入っている書店で、ファミリーがメインの客層。雑誌とコミックと実用書が売り上げの柱となっていた。僕はそこの実用書担当をまかされた。実用書といっても、ジャンルは多岐に渡る。料理、育児、園芸、健康、芸術、スポーツ、地図、旅行、語学、ときに参考書、ビジネス書。これらをすべて一人で管理しなければならなかった。全体の売り場は、約八十坪ぐらいだったのだが、その三分の一が担当エリアとなった。仕事内容は、レジ、発注、返品、品出し、雑用。経営のことに関しては、まったくタッチさせてもらえなかった。ひとまずここでは、現場の作業を勉強しようと思った。

朝、出勤すると一階の搬入口に大量の本を積んだいくつかのコンテナが置いてあるので、それを業務用エレベーターで二階まで運ぶ。力いっぱい押しながら店に着くと、ダンボール箱に入った書籍は後回しにして、ビニール袋に入っている雑誌をジャンルごとにそのまま床に並べる。幼年誌や「コロコロコミック」「JJ」など付録がついてくる本の発売日は大変だ。一冊一冊が厚かったり、付録が場所をとったりするので床に並べきれない。そういうときは、ある程度並べたら、ストックの引き出しかコンテナに戻し、奥へ追いやる。雑誌の袋を破いたら、各ジャンルの平台の雑誌の上にひとまず平置きしていく。おおまかなジャンル分けが終わったら、その日の割り振りで棚に並べ始める。大体、四人体制でやる。当時、『私立探偵 濱マイク』のＴＶシリーズが始まるということで、永瀬正敏が表紙の「ＴＶぴあ」を並べたことを覚えている。時代的にはそんなころだ。

そうこうしているうちに開店時間になり、二人がレジに入る。レジでは、付録を本につける仕事がほぼ毎日あり、付録の多い人気雑誌の発売日は、レジにいる間、店をあがるまでその作業をやり続ける。レジのピークは、平日は昼十二時と午後三時と夕方五時ごろ。休日は一日中、列ができていた。ピーク外は、売り上げスリップを種類分けしたり、タイアップしている業者の広告紙をレジ袋にひたすら折り込む。レジの担当時間が終わると、担当棚の品出しと返品作業。毎日十箱ぐらいのダンボールに本を出し入れした。

今振り返れば、あんなにレジが忙しい店と自分の店が同じ業種だとは思えない。薄利多売とはあのことを指すのだろう。

死がスタートになることもある

漠然と新刊書店をやりたいと考えていたが、その資金のあてなどどこにもなかった。毎日毎日、雑用と実務作業に追われる日々では書店経営のノウハウなど学べるわけがなく、たまに店長の仕事を横から盗み見したが、それがどういう種類の仕事なのかさっぱりわからなかった。現場では書店をやりたいということはずっと黙っていたので、直接聞いたりもしなかった。

そんなとき、父親のガンが再発した。その何年か前に、手術と放射線治療の末、奇跡的に恢復していたはずだった。元気に普通の暮らしを再開していて、すっかり安心していた矢先に、転移が見つかった。僕は午後五時に仕事を切り上げると、毎日病院に行き始めた。

父のお気に入りのアルカリ水を一リットルのペットボトルいっぱいに入れて持参し、飲みやすいように、それを五百ミリリットルのペットボトル二本に移し替えるのが僕の日課だった。いつも、病室のテレビで父と午後六時まで相撲を観戦した。その時間が終わると、陽の落ち始めた道を、母と二人で父の病状を話しながらぽつぽつ歩いて帰る。その繰り返しが続いた。

そんな日々がすっかり日常になってきていたある日、父は窓の外を見て、僕に背を向けながら、死の覚悟を語り出した。余命が自分でわかってしまったのだと思う。そして、自分の店をやるときはしっかりがんばれということと、母を頼むということを僕に告げた。父に、いつか本屋をやりたいということは伝えていた。しかしそのとき、僕はいたたまれなくなって、空気をはぐらかしてしまった。

翌朝、僕は少し熱っぽかった。だるさのある体で歯を磨いていて、なかなか定まらない将来を思うと、ひどく憂鬱だった。僕は、父のことをふと思った。父が毎朝目を覚まして最初に見るのは、慣れ親しんだ自分の部屋の天井ではなく、無機質な病室の天井だ。そして、ガンと添い遂げるしかないという現実を痛みとともに毎朝突きつけられている。父が向き合う一日の始まりを想像すると、自分の発熱がとても軽薄なものに思えた。

それから数日後、前の晩から父が唸ってなかなか寝つかないという連絡が母から入った。母もゆうべは寝ていないらしく、看病疲れが出ているので、今晩一緒に病室に泊まりに来てほしいという。夕方行くと、そこにはいつも通りの父がいた。ただ、ゆうべは寝不足だったからか、短い仮眠をよくした。僕は、少し安心した。しかしその晩、父はやはり唸り始めた。入れ歯をはずしているので、口を尖らせた状態で唸っている。僕は自分が眠ってしまわないようにイヤホンで音楽を小さく聞きながら、簡易ベッドで寝ている母の寝顔と父の唸っている顔を見比べながら夜を過ごした。

父は一晩中口を開けたままなので、定期的に水を欲しがる。僕はそのたびに起こして、小さなやかんに入れた水を飲ませた。また、三十分に一回、床ずれしないように体の向きを変えなければならなかった。僕は、昼間の父の感じから、調子が悪くなっているのは単にここ最近の夜の傾向で、また明日の昼には復調しているだろうと思いながら看病を続けていた。

夜中の三時ごろ、父が急にベッドの柵につかまり、身体を起こした。急いで僕が支えると、父は切羽詰まった目で「おしっこ……」と言った。この日の夜からトイレに立たなくても大丈夫なように尿道に管が通っていた。僕はそのことを主治医から聞いていたので、父にそのことを説明した。すると、父は絞り出すような声で「違うねん。この管は違うねん……」と訴えるような目をして言った。僕はもう一度、父に丁寧に説明しなおした。するとの納得したのか、父は安心した顔で横になり、その場で用を足した。それが、父との最後の会話だった。夜明け近く、父は亡くなった。誰も間に合わず、母と僕とで看取った。

目の前で亡くなった父を見ても、現実感がなかった。涙は一滴も出なかった。苦しむ父と看病疲れが始まっていた母を見ていたので、どこかで解放された安堵感があったんだと思う。父と母の二人が大役をやり終えたように思えたし、もしかしたら、父の死を最後まで認めたくない自分があったのかもしれない。

その後、街角で足を引きずって歩いている年配の背広の人を見ると、いつも父を思い出した。父は亡くなる十年くらい前から色々な病を発症し、その後遺症で晩年はずっと片足をひきずって歩いていた。人に好かれるダンディな人だった。

僕は、本屋の仕事に従事した。やみくもに山のような返品作業をこなし、慌ただしいレジ作業と終わりのない品出しをした。

そんなとき、母から父が生前かけていた保険の話を聞かされた。僕にもその何分の一かを受け取る権利があるという。思いもよらぬお金だった。そのとき、僕がすぐに思ったのはやはり書店開業のことだった。父が背中を押してくれたような気がした。これまでどんなことでも自分で稼いだお金でやっていこうとしてきたし、やってきたつもりだった。でも、まとまったお金というのは、その場しのぎで生きてきた僕にとっては、やはり無縁のものだった。新刊書店はある程度の資金がないと、開業は難しかった。僕は、そのお金を使わせてもらうことにした。

その日から、計画はにわかに具体的なものになっていった。安い中古車を買って、物件探しを本格的に始めた。ざっくりと若者が多い地域にしようと思っていたが、高校を出てすぐに家出をしたので、故郷の京都には全然土地勘がなかった。

まずは、京都一の繁華街・四条河原町周辺に探しに出かけた。しかし最初の物件で、話にならないことがすぐにわかった。どこも僕が想定していた予算よりゼロの数が一つ多かった。僕は早々に街なかをあきらめた。

やめた理由はもうひとつあった。それは、そこに集まってきている若者たちの傾向だった。繁華街に集まる若者たちは流行を追いかけているように見えた。その若者たちに受ける店にしようとすると、アクセスが良い分、品揃えが乱れることが予想された。流行というのは廃れるのも早く、その回転に自分の店を迎合させることを考えると、疲労困憊しそうだった。基本的に繁華街は休日に人が流動する地域で、多くの人はそこに住んでいない。そういう場所では、あらゆる物が消費のみに特化されてしまうような気がした。

左京区という不思議なバランス

繁華街をあきらめた僕は、学生が多い地域で物件を探し始めた。すると、京都大学や京都造形芸術大学などいくつかの大学がある左京区という地域が候補にあがった。実は、その物件探しまで、ほとんど左京区に行ったことがなかった。白川通りの並木道を見て「ハイカラな街やなぁ」という第一印象を持った。そして、左京区には恵文社一乗寺店という一風変わった本屋があることをそのときに初めて知った。僕は本屋は好きだが、本屋の情報を追いかける性格ではないのだ。

恵文社一乗寺店に行ってみると、店内に静かな空気が充満していて、文化的感度の高そうなお客さんがたくさん来ていた。こういう若者が集まっている地域で、こういう店が成り立っているのであれば、もしかしたら自分の考えている店もイケるかもしれないと淡い期待を抱いた。と同時に、こういう店がすでにあるのであれば、違うテイストの店にしなければと思った。僕は人と同じように見られたり、影響が簡単に見えてしまうようなことが大嫌いだ。それに、せっかく自分の店を始めるのに、すでにある店をコピーするのはどう考えても格好悪い。新しいプレゼンテーションを提示した店のほうが圧倒的に魅力的だし、そうでないと新規オープンする意味がない。いい店は、むしろ反面教師にしたい。もちろん尊敬を込めて。

僕は、自分の特性を考えて、恵文社が女性中心のイメージなら、こちらは男性中心のイメージでいこうと決めた。

僕は左京区で本格的に物件を探し始めた。平日は新刊書店で働き、休日は全部物件探しに費やした。色んな物件を見たが、なかなかピンとくる場所はなかった。恵文社と目と鼻の先の物件を紹介されたこともあった。

そのうち、いいかもと思う物件がいくつか見つかった。基本的な希望条件は、路面店で角地。なぜ、角地にこだわったかというと、後にガケ書房の象徴となった車のオブジェをすでに構想していたからだった。一発で覚えてもらえるインパクトが欲しかったし、異空間の中に入る面白さも演出したかった。

候補物件の一つは、工場と隣接している二階建ての味のある建物。路面店で角地だった。しかし、人通りがあまりなさそうだ。ひとまずキープした。次は、京都大学近くの百万遍交差点を少し西に行ったところにあるアパートの地下。地下にはいくつかの飲食店が入っていて、雰囲気はまさに隠れ家のよう。路面店で角地ではないが、これもキープ。もう一つは、地下鉄の階段を上がったビルの一階。ここは敷地面積が今まで見た中で一番大きかった。それに元・本屋の跡地だった。この物件は公にまだ募集をかけていなかったので、家賃はすぐにはわからなかった。家賃がはっきりするまで、これもキープ。

その三つのどれかに絞ろうかという段階まで来ていた。まず、本屋跡地の大きな敷地物件が消えた。家賃がはっきりして、その額にビビった。残る二つは最後まで迷った。何度も現場に行き、夜の人通りなども調査した。家賃はほぼ同じ。広さは二階がある分、工場隣接地のほうが少し広かった。しかし、人通りはアパート地下のほうがあった。いつまでもキープしていられないので、僕は決めなければならなかった。散々迷った挙句、やはり二階建ての方にしようかというところまで来ていた。

その二つの物件を行き来する間に、並木道のきれいな白川通りがあった。移動途中、車で信号待ちをしていたら、どう見ても誰も使っていない角地の一棟建て物件が目の前にあった。その物件を見た途端、僕は自分がそこで店をやっているイメージがすぐに湧いてきた。ここしかないと思った。車を横付けしてその場所に立つと、丁度、中から人が出てきた。その人は、ついこの間までそこで個人経営の回転すし屋をしていたという。一年持たずに閉店となり、後片付けをしている最中だった。僕は、その人のネガティブオーラに目もくれず、管理会社の連絡先を聞いた。その人はここで商売するのは大変だよと哀れむような口ぶりで忠告したが、僕には聞こえなかった。

ほぼ気持ちは傾いていたが、家賃が前の二つの物件より高かった。あの場所でやるか、やらないか。もうそこまで来ていた。あの場所でやらなかったら、もしダメになったとき絶対にそれを言い訳にして後悔するだろうなと思った。もう決めるしかなかった。

しかし、心ではそう決めていても、契約に足はすくむ。自分はあの家賃を払ってやっていけるのだろうか？　グズグズしていると、不動産屋が言った。実はもう一人、あの物件を悩んでいる人がいます。僕は手を挙げた。こうして、僕の店の場所は決まった。

家賃は借りるときに少し下がった。というのは、その場所はこれまで飲食店ばかりが入っていたが、どの店も長続きせず、資産価値が下がっていたからだ。裏の駐車スペースや二階の屋根裏部屋なども含めると六十坪あるその物件を、僕は最初に提示された額より三万円安く借りることができた。坪単価は五千円を切っていて、二十七万円＋消費税の家賃だった。

取次との契約奮闘記

取次という言葉をご存じの方は、本屋業界に少し明るい人かもしれない。取次とは、すごく簡単にいうと、全国の出版社が作った本を一ヵ所に集めて、本屋に卸すところだ。そうすることによって、本屋側は仕入先を簡略化することができる（実際は、本屋が各出版社に直接注文するケースも多いが）。

大手取次二大シェアは、日販（日本出版販売株式会社）とトーハン。そして、第三位が大阪屋。他には、地方・小出版流通センターという地方の小規模出版社を取りまとめる取次もあったりする。

新規の書店が取次と契約するときは、高額な契約金を納めなければならない。これは、そのまま保証金となり、書店が万が一、不渡りを出して閉店したときの補てん金にあたる。

そういう金銭的ハードルの高い現状から、業界への新規参入はなかなか難しかったりする。しかしそれを受けて、最近では新しい試みをし始めている新規取次も出てきている。

僕が開店準備をしていた二〇〇三年ごろは、新しい業態の取次はまだまだ少なく、僕は、真正面から既存の取次に交渉しに行った。

どこにしようかと思ったとき、真っ先に思いついたのは大阪屋だった。なぜ大阪屋かというと、取次選びに迷っているときにヴィレッジヴァンガードに行ったら、バックヤードが見えて、大阪屋のダンボールが置いてあったからだ。ヴィレッジヴァンガードのような品揃えの本屋を担当している取次であれば、僕が考えている本屋も可能かもしれないと単純に思った。

早速、僕は事業計画書らしきものを書いた。しかしそれは、今から思えば、イメージとしてのビジョンは明確に書かれていたが、その根拠となる数字的なデータはまったく書かれていなかった。完全な僕の思い込みのデータに基づく企画書だった。無謀にも僕はそれだけを持って、大阪屋の本社に乗り込んだ。

受付で名前を告げて、応接室のようなところに通されると、そこの壁にはこう書かれた白い大きな看板が掲げてあった。

「新しいことをしよう」

僕はそれを見た途端、コレはもしかしたらイケるかもと思った。対応に出てきた開発部の人たちはとても丁寧に話を聞いてくれた。それをいいことに、僕は企画書を指差し、ハッタリも含めて、もっともな顔をして熱弁をふるった。もしこのとき、大阪屋の人たちが僕を鼻であしらい、門前払いをしていたら、僕は意外に〈本屋をやるということ〉自体も簡単にあきらめていたかもしれないなと思う。だから、このときの大阪屋の人たちの真摯な対応には、今でも本当に感謝している。

最終的には、どういう書店を始めるにせよ、まず資金が必要だという話になった。それは当然だ。向こうもそれがなかったら、僕がいくら熱弁したところで話を先に進めることができない。僕は、ある程度のお金は用意できるのでどうかよろしくお願いしますと言って、エレベーター前で別れた。手応えは半分半分だった。

そこからガケ書房オープンまで相談に乗ってくれたのは、話を聞いてくれたうちのひとり、平田さんという若い人だった。僕は、物件探しのときも事細かに、平田さんに相談した。平田さんはどんな些細なことでもアドバイスしてくれた。周辺の書店事情、地域リサーチ、業界裏情報など。そして、例の物件が見つかった十二月のある日、僕は勤めていた書店を辞め、オープン準備に本格的にとりかかった。

取次との正式な契約には、たくさんの添付書類が必要だった。戸籍謄本や住民票、印鑑登録証に実印。僕はたくさんの書類にサインをした。その中には、再販売価格維持の契約書もあった。出版社が決めた定価で本を販売しなければならないという、いわゆる再販制度の契約書だ。

当時あった大阪屋京都支店で、大阪屋の人たち十人くらいに会議室で囲まれて、朝から話し合いをした。全体的には歓迎ムードだったのだが、僕の未経験と無謀な店舗戦略に確認したい項目が多々あったようだ。僕はその人たち全員と渡り合わなければならなかった。不安要素を打ち消すためのハッタリと、妥協案をひとまず呑むような雰囲気を交互に取り混ぜながら、その場の話を進めた。早朝から始まった話し合いが終わったのは、夜中だった。

家に帰るとパソコンで本の検索サイトを開いて、夜明けまで初期在庫のリストアップをした。リストアップした本のタイトルと出版社は、全部印刷して大阪屋にFAXした。大阪屋の倉庫にも行き、広大な棚から本をピックアップした。僕は、自費出版の本も最初から置きたかった。これまでほかの書店でたまに見つけたりすると、こっそり携帯電話で棚ごと写真に撮ったり買ったりして、気になる版元を調べていたので、すぐに連絡することができた。

雑貨も最初から置くことを考えていた。こちらも業者から仕入れる加工商品より、無名の作家さんが作ったものを直接仕入れる方法を選んだ。

最初、僕は本棚は既成の棚は使わず、家具など本棚以外のものを使おうと考えていた。そのアイデアを平田さんに話すと、それは効率が悪いし、耐久性がないと反対された。話を聞いてみると、本というのは積みあがると想像以上に重たくなるので、普通の家財道具などではすぐに板が湾曲してしまうというのだ。僕は自分の部屋の安物の本棚が湾曲しているのを思い出して、納得した。また、本屋はある程度の在庫量がないと、商売として、また店の魅力としても厳しいとも言われた。つまり、家財道具は元々本を並べるために設計されていないので、それを使ってしまったら、実際に本を並べられる量がかなり限られてしまうのだ。僕はおおいに納得し、まっとうに本を置くための棚で店内を構成することに変更した。

店という人格

店をやろうと思ったとき、印税で生活している人たちのことをまず思った。そういう人たちは自分のセンスや才能を商品として具現化し、世に放ち、その対価や評価として賃金を得ている。つまり、その人にしか生み出せないものに対してお金が発生している。もちろん、商品になるまでにはたくさんの人や会社を経由しているのだが、その原子となるオリジナリティはその作品を発明したその人個人の中にある。それは他に代えがたい財産で、大富豪がいくらお金を出してもその才能そのものは買えない。例えば、ある個性の物真似はできるが、それはあくまで形式を真似できるだけで、その応用までは真似できない。世界中、一人として同じ個性は存在しない。それは、どう逆立ちしても他人そのものにはなれないということだ。このことを考えたときに、そういう自分の唯一無二の個性を商品化して、それが支持され、生活までできている人というのは、それは人の形をした企業であり、店舗でもあるんじゃないかと思った。

僕は、自分の店をそういう店にしようと思った。人が真似できない店、真似することをあきらめるような店。そういう店をやっていれば、そしてそれを支持してくれる人が現れてくれれば、仮に資金が芳醇で在庫豊富なメガ書店が隣りに出店してきたとしても、この店の唯一無二の個性が好きだという人たちの一票で生活できると思った。肝心なのは、個性を出しながら〈支持される〉というところだ。

店の外装のイメージは、びっくりドンキーというハンバーグレストランが念頭にあった。それまでにも、外装に大きなゴリラの人形や車のオブジェなどを設置した店を見かけたことがあったのだが、町に〈いきなり遊園地が現れたような〉異物感が気になっていた。そういう店に入っていくときは、社会的地位や思想やファッションまでも一瞬フラットになって、童心に戻るような感覚があると思う。

最初から、角地で車が突き出ているイメージはなぜかあった。店内のイメージは、既存の本屋に比べて少し暗い感じ、個人店でしかできないような雰囲気の店にしようとした。親戚に店舗デザイナーがいたので、彼女に相談した。

彼女は、僕がイメージしていたものよりも、スタイリッシュなデザインの内装をあげてきてくれた。黒を基調にしたいという僕の意向を汲んで、知り合いの工務店に木製の黒い本棚を発注したり、なるべくお金がかからないように、僕の実家にあった古い家財道具などを再利用してレジ裏のバックヤードの部分に使ったりと、彼女には教わることが多かった。

雑誌を面陳列で並べるための備え付けの棚は、店内レイアウトの華だった。店内に入ってすぐ目の前にあり、色鮮やかな雑誌がズラッと並ぶ。それも一つとして重ね置きはせず、黒い棚を贅沢に使って、大手出版社のものも自費出版のものも関係なく、等間隔に並べた。最初は、雑誌を落ちないようにする角度とか、見やすい高さなどがなかなか定まらず、オープンしてからも何回か改良を重ねたりしたが、この棚は自慢できるオリジナリティのあるものになった。

当時は、とにかくインパクトのあることばかり考えていた。例えば、突き出した車の運転席と助手席の背もたれの頭の部分をはずして、そこにマネキンの首を刺しておこうとか、壁一面に文字や絵をデカデカと描こうとか、いわゆるイタい店にどんどんしようとしていた。そのたびに彼女に冷静に却下された（そのままやっていたら、すぐに潰れる店ができていただろう）。しかし、車だけは突き出させたいという僕の頑固な考えだけは、彼女は妥協して受け入れてくれた。ただ、それには店のほぼ全面に張りめぐらされた窓に対して、車をどう設置するかが問題としてあった。僕は、防犯面でもその窓の多さに不安があった。そのためにシャッターを取り付けることなどは難しそうだった。そして、バカな僕が思いついたのは、壁を作ることだった。それを彼女に伝えると、やはり難色を示したが、一週間後、ドイツかどこかの建築家が作った壁を提案してきた。それは、少し大きめの石を積み上げ、その隙間から光が差し込むという仕組みの壁だった。僕はすぐにそれをお願いすることにした。

そのときにはもう、店舗名はガケ書房にしようとしていた。かつて、架空の出版社として活動した三島と僕のキーワード。店舗名を考え始めたとき、すぐにその名前を思い出した。そして、書房とついているそのチーム名は本屋の屋号として丁度いいではないか！

と自分でもびっくりした。それを三島に話すと、彼も快く承諾してくれ、あっさりガケ書房復活となった。おまけにその当時、なぜか三島は物件の近くに住んでいて、条件が色々揃っていた。石を使った壁のアイデアを聞いたとき、ガケという言葉にも少しかかるなと思った。よくガケ書房だから、外壁が崖っぽくなっているんですよねと言われたが、たまたま巡りあわせでそうなっただけで、直接の関連はない。

外壁は、工務店の人たちがまず木枠を打ち立てて、それに金網を張り、最後に石を中に入れていった。僕はそれを見ながら、もう後に引けないなぁと思っていた。

車は知り合いの中古車屋に発注した。なるべく背の高い軽自動車。車種でいえば、トッポかワゴンR。それの廃車になったものを探してもらった。見つかったのはトッポで、それを工場で真っ二つに切ってもらい、切断面には板を張り、納品となった。

車には、店名ではなくビジュアルイメージで店の存在を覚えてもらうという意味と、外との接点という意味を込めた。もし仮に車がなくて外壁だけになると、本当に壁に囲まれた外観になり、刑務所のような閉鎖的な店構えになってしまう。半分に切った車というどこかユーモラスな存在を設置することで、前を通る人にとって突っ込み甲斐のある箇所というか、愛嬌に繋げたかった。

梅小路公園の手作り市で知り合ったグラフィティアーティストにお願いして、車には全面ペイントを施した。派手な上、見ようによっては少しおどろおどろしい絵柄になった。

ガケ書房という本屋

店の名前は、ガケ書房に決まった。なるべくしてなったという感じだ。三島はすっかり左京区の住人になっていたが、僕があの物件を借りることに、あまりいい顔をしなかった。というのは、その場所はそれまで店が長続きしたことがなかったからだ。あの辺は雰囲気も少し暗いと三島は忠告した。しかし、これまでの現状はどうであれ、僕にはあそこの物件がまさに理想だったのだ。

三島のアパートに寄っては、色々ミーティングした。最初は従業員を雇う余裕がないから、僕の兄と三島が手伝いで入ってくれることになった。

そして、オープンに合わせて「ハイキーン」を復刊することに決めた。最新号は、フリーペーパーとして、オープンチラシの代わりにした。ガケ書房のお客さんとなるようなモデルタイプの男女の部屋や本棚・日常をルポした取材写真ページを作り、店のイメージを固めようとした。あとは、どういう商品が店に並ぶかを表明するため、具体的な商品名を誌面のあちこちにちりばめた。

表紙は、すでに完成していた外装を使った。壁から突き出たド派手な車のてっぺんに、当時三歳の僕の長女がアンパンマンのギターを抱えて座っている。裏表紙は、三人に分身した彼女が人形を抱いて、色んなポーズで店の入口に立っている。また、「ハイキーン」とは別にＤＭハガキも作った。こちらもトレードマークの車が使われている。ＤＭバージョンには、当時一歳の長男が車のてっぺんにちょこんと座っている。生まれたての新しい店ということをアピールしたかった。

オープン日が近づくにつれ、毎日たくさんの梱包された本が大阪屋から届いた。僕はそれを見て、思わず笑ってしまった。そこには「ガケ書房様」と丁寧に宛名が印字されていたからだ。二十一歳の無責任な僕たちがかつて冗談半分で考えた名前が真っ当な扱いを受けている。それは、ガケ書房が僕たちだけの合言葉からパブリックなキーワードになった瞬間でもあった。

オープン在庫として、自費出版の本も、出版元を調べられたものは注文していた。雑貨は、まったく手がかりがなかったので、手作り市を回ったり、人に紹介してもらったりしていたのだが、結果的にユーモラスでインパクトの強いものばかりになった。古本棚も少しだけ作った。それは全部僕の自前在庫で、芸人本を中心にした飛び道具的な本ばかりだった。あとは、蚤の市で運よくたくさん仕入れた懐かしいボードゲームコーナーも作ったりした。

売りは、本以外にもう一つあった。それは、音楽をメイン商材にするということ。本屋としては大量のCD在庫を仕入れた。僕はガケ書房を町のCDショップとしても機能させたかった。いわゆるヒットチャートものを置かず、こちらも自分の趣味が半分以上の品揃えだった。

当時のCDはまだその価値がある程度保たれていた。パソコンはすでに普及していたので、CD-Rを焼くことはできたが、その音源の出元はまだあくまでCD本体からが主流で、現在のようにデータ音源からではなかったし、なによりまだ無料で音源を聴ける

YouTubeなどのサイトが存在していなかった。コピーコントロールCDというのもそのころ出始めていたが、やはり購入したCDからの複製を防ぐものだった。

僕はCDをたくさん売るために、あることを考えた。スタンプカードというよくある手は、店としても個人的にも煩わしいと感じていたのでやりたくなかった。僕は、CDを二枚以上買った人に僕の好きな曲を詰め込んだオムニバスCD-Rをもれなくプレゼントすることを思いついた。ガケ書房のCDセレクトの基準を示す意味も込め、十タイトルを制作した。

それは、ガケCDと名付けられ、その中に入っているミュージシャンや楽曲のCDが、そこからまた売れることになった。

ガケ書房初日

オープン日は、二〇〇四年二月十三日金曜日に決まった。あと一日ずらせば、バレンタインデーになることは気づいていた。だからこそ、ひねくれている僕は、十三日の金曜日にした。

十二月まで働いていた新刊書店を辞めて、二カ月しか経っていない。まだまだ寒い店内でストーブも焚かず、厚着に作業手袋をして、大量にあるコミックの袋詰めとCDの防犯タグ付けをずっとやり続けた。色んな人が怪訝な顔をして、観察していくのがわかった。

「一体、何ができたのだ?」という顔で。まさか本屋とは思われない。

そのときに、いきなり店内に赤ちゃんを抱いて入ってきた人がいた。その人は真っ赤なコートにモヒカン頭。声は野太くよく通る。ヤバい人が入ってきてしまったと身の危険を感じた。その人は、「いつ、オープンなん？」といきなりタメ口で話しかけてきた。幾分構えながら、平静を装ってオープン日を告げた。すると、その人はとても親し気な笑顔で納得して出て行った。左京区という地域の洗礼を受けたような気がした。このあたりは学生がたくさん住んでいるが、そこにそのまま居ついたようなミュージシャン、学者、ヒッピー、革命家、何をしているか不明な人など、自由な人たちが普通に歩いている地域でもあった。ネクタイを締めている人はあまり見かけなかった。これから僕は、そういう社会からドロップアウトすることを選んだような人たちも相手にしながら商売していくんだなぁと妙な決意をした。

僕にはまだ、最終面接が残っていた。それは、近隣書店の店主たちとの顔合わせだ。今もその風習があるのかわからないが、僕は大阪屋の人から地元の近隣書店のいくつかがどういう店をやるのか説明を求めているので、その時間を作ってほしいと言われていた。僕は二つの書店の店主たちと、まだオープン前のガケ書房の中で面接した。一軒は、一番近くにあった二十四時間営業が売りの丸山書店。もうひとつは、児童書専門のきりん館という書店。両店舗の一番気になるところは、新参者に自分たちの商圏を荒らされるのではないかということだった。僕は、何か言われたら毅然として主張するしかないと思っていた。でも、現れたお二人はとても優しかった。むしろ、激励してくれた。僕も両店舗のお客さんとバッティングさせるつもりはないし、多分しないと思うと答えた。実際、そのつもりはなかったし、客層もかぶっていなかった。しかし、両店舗ともガケ書房が五年目くらいのころにはなくなっていた。

オープン前日の夜、寝床の中で、明日になったら違う人生がスタートしてしまうんだなと思っていた。家出の前の晩のときと同じ高揚感と不安と決意があった。僕はこの店を一生続けようと思って眠りについた。

当日は、曇り空だったような気がする。二月のとても寒い朝だった。歯を磨きながら、何時間後かのオープンを迎えたときの自分を想像した。

店へと向かう道を車で走りながら、この道をこの先毎日走るのか、少し遠い通勤かもなと思った。車で三十分かかる距離は、これまで働いた中で一番遠かった。

店には、平田さんを筆頭に大阪屋の人たち、三島、兄、妻、子どもたち、母が集まっていて、オープンを手伝ってくれた。店舗をデザインしてくれた親戚のデザイナー、工事を受け持ってくれた工務店、取次経由でオープンを知った京都新聞社からは花が届いた。棚にはぎっしり本が詰まっている。いよいよオープンするという空気がいやおうなく漂う。本当にもう後には引けなかった。

オープンまであと十五分を切ったとき、僕は両替金を用意していないことに気づいた。焦った。ある程度まとまったお金を手につかんで、銀行までダッシュした。真っ白になった。初日からこんな感じでは思いやられるなと思いながら、走った。

息を切らせて、手からこぼれそうになる硬貨の束を両手いっぱい握りしめて帰ってくると、店はオープンしていた。

急いで、レジを代わってもらう。「いらっしゃいませ」は絶対に言おうと思っていた。少し毛色の違う本屋はクールに挨拶をしないところが多かったが、そのアンチも込めて挨拶をちゃんとすることにした。防犯上もその方がいいと思った。僕が「いらっしゃいませ」と言うと、オープンを手伝ってくれているみんながそれに続く。でも、思っていたよりもお客さんは入ってこない。みんなで入口の方を見ていた。僕が作ったガケCDがむなしく響く。一周してすぐ出ていくお客さんが気になってしょうがない。早速、この店はダメなんじゃないかと焦り始めた（このときの気持ちは僕に今もずっと張り付いていて、どこかで新規オープンを迎えた店が家族総出で明るくふるまい、お客さんを一生懸命もてなしたり、全員でチラシを配っている光景を見かけると、あのときの自分たちのことを思い出して、胸がつかえる）。

一番最初に買い物をしてくれたのは、京都新聞社の人だった。そこからポツポツ、レジが動き始めた。あの近隣書店主たちも買い物をしに来てくれた。僕は、レジを打ちながらこれまでやってきた仕事が色んなところで報われているのを感じた。レジの打ち方やお金の管理方法、お客さんのさばき方、営業日報の書き方など、これらは僕が古本屋や新刊書店、そのほかたくさんのアルバイトで覚えてきたことだった。

そして、その日早速、僕は初取材を受けた。それは、地元で長く続いている老舗フリーペーパーで、店の突飛な外観を見て、オープン前から興味を持ってくれていたのだった。僕は、生まれて初めての取材をどういう気持ちで受けたのか、あまり覚えていない。ただ、今、そのフリーペーパーを見ると、暑苦しいぐらいの主張をしている。

その日の売り上げは、当初の目標にはもちろん届かなかった。というより、それまで自分で店を経営したことがなかったので、基準の売り上げ額がわからなかった。僕は、これまで働いた店の売り上げ額で勝手に想定していた。

そんな売り上げになるはずがないのを知るのは、それからまもなくのことだった。

荒む店主

事前に配ったガケ書房のチラシで、商品の持ち込みを募集していたら、オープンしたその日に早速持ち込みがあった。その人は、ミシシッピという絵描きで、彼の絵をプリントしたTシャツを売り込みに来た。なんの準備もしていなかった僕は、募集していたクセにどう対応していいかわからず、とりあえずその場で三島に相談し始めた。三島が考えている間に僕は彼に話しかけ、時間をかせぐ。どうやら同い年らしく、やはり例のチラシを見て売り込みに来たという。まごまごしている僕たちに業を煮やしたミシシッピ君は、納品書の書き方、掛け率の相場、精算のタイミングなどを丁寧に教えてくれた。僕たちは有り難くその教えを受けた。最初の人がいい人でよかった、と僕は呑気に思った。しかし、帰り際のミシシッピ君の「この店、大丈夫かな？」という不安そうな疑うような眼差しが今も忘れられない。

オープンしてしばらくは、買い物をしてくれたお客さん全員にチロルチョコ一個をおまけでつけていた。一応、バレンタインデー前後ということと、モノで釣るというあさましい考えからだ。

そんな考えの浅い人格がにじみ出ていたのか、お客さんは日に日に減っていった。入ってきても、何も買わずに出ていく。こんなはずではなかったのに、と落ち込んだ。同じ時間にほかの本屋に行ってみると、たくさんの人が店内にいて、また落ち込んだ。

「とりあえず売り上げを確保できる世間一般の売れ筋商品はしっかり置いた上で、自分の趣味趣向をつぎ込んだ棚を展開したらどうか」という大阪屋の人たちからの提案を、僕は当初受け入れていた。「週刊少年ジャンプ」や「関西ウォーカー」「ＪＪ」など当時の世間一般の売れ線雑誌を並べた。しかし、それは逆効果だった。ある日、兄がインターネットの掲示板にガケ書房のことが書かれていると教えてくれた。そこには、品揃えが普通だということが書いてあった。特殊な外観で期待値をあげて中に入ると、日頃よく見る雑誌が目に入る。中途半端な姿勢がお客さんを興醒めさせていたのだった。それを見た僕は、すぐにそういう商品を全部返した。そして、店をやるということは、現代では〈書かれる対象〉になることを身をもって知った。

しかし、その後も売り上げは一向に上がらなかった。夜寝るときに朝が来るのが憂鬱だった。朝になったら、店を始めたことは全部夢だったということになっていたらいいのにと何度も思った。どうしたらいいか、わからなかった。オープンから二カ月が経ち、僕の気持ちは極限近くになっていた。お金はもうほとんど残っていない。しかし、支払いの請求は次々に迫ってくる。それも今まで払ったこともないような額で。季節は冬から春になっていた。ガケ書房を少し南に行くと、哲学の道があり、そこにたくさんの桜が咲いていた。それを見るために僕の家族が近くまで来ていた。三島にレジを少しまかせ、店を抜け出した僕は、無邪気に桜を見てはしゃぐ子どもたちの手をひきながら、絶望的な気持ちで桜の花びらを見た。その晴れやかな色が自分の気持ちとコントラストになって、心が痛かった。

そんなある日、店の空調が壊れた。借りた物件は、建ってからすでに十年以上が経過しており、空調はすべてそのころつけたものだった。借りる条件の中に空調の修理代は自己負担することという項目があった。何も知らない僕は、クーラー修理代なんてタカが知れていると思い、また、早く借りなければという思いもあり、あっさりその条件を呑んでしまったのだった。開店時間の前に工務店に見てもらうと、空調は買い替えないとダメな状態だった。僕はその金額を聞いて、茫然とした。僕が考えていた金額はあくまで家庭用のもので、業務用の空調機の値段など考えたこともなかったのだ。そのころ、準備したお金は底をつこうとしていた。僕は工務店の人たちを残して、一人で二階に上がった。妻に相談の電話をかけた。電話の向こうで妻は、子どもたちの世話に追われてイライラしているようだった。僕が空調のことを告げると、それどころではないという感じで電話を切られた。それに対して僕はもう怒る気力もなかった。そして僕は、二階の天井裏のような部屋に大の字に横たわってしまった。もう何もかも終わりだ。僕は、父が残してくれたお金をあぶく銭として使っただけだったんだと思い、父に謝った。

そのとき、電話がかかってきた。妻からだった。彼女は落ち着いた声でさっきのことを謝り、僕に、何があっても大丈夫だから、やるだけやってみたらと言った。電話を切ったあと、僕は久しぶりに泣いた。祖母や父が亡くなったときも、泣かなかった。思い返すに小学校二年生以来の涙だった。あの涙は、僕が本気で何かを賭けた証のようなものだったんだろう。

手伝ってくれていた兄や三島も、少しずつモチベーションが下がってきていた。こんな状態ではいけないと思った。働く人間の気持ちはダイレクトに店に反映される。僕は思い切って、誰かまったく知らない人をスタッフとして招き入れることを決意した。人を雇う余裕は全然なかった。僕はなんとかしたいという気持ちだけで毎日店に立っていた。はっきり言って、もう誰でもいいから、助けてくれる人を求めていたのだ。

店にスタッフ募集の貼り紙を貼ると、たくさんの人が応募してきてくれた。意外だったが嬉しかった。その中から、書店経験者で一番礼儀正しかった女の子を採用することにした。その子はかつて、あの出店のときに挨拶した丸山書店で働いていた。ワードやエクセルも使えたので、ひとまずお客さんからの注文用紙を作ってもらった。彼女が作りやすいように、丸山書店とまったく同じフォーマットで、名前だけガケ書房に変えたものにした。

僕自身手探りで迷っていたので、彼女には色々と相談した。しかし、そんな頼りない店主に少しずつ彼女は不安になってきているようだった。彼女は言われたことは完璧にこなせる人だったが、アドリブが不得意で、POPを書くことをお願いすると、手を止めてずっと悩んでいた。そしてある日、店を辞めたいと僕に告げた。雇ってから一週間目のことだった。僕は不甲斐ない自分のせいだと納得するしかなかった。

ガケ書房の登場人物

不安定な気持ちの朝は毎日やってくるが、とりあえず店は続けるしかない。自分の旗を掲げることによって、初めて社会のシビアな風をモロに浴びてしまった。人間一人の持つキャパシティの狭さを思い知らされた。

僕はやはり一緒に店を作っていってくれる仲間が必要だと思い、募集をやめて自分でスカウトしてみることにした。

ある夜、若者グループが店に入ってきて、置いている商品をあれこれ見て、楽しそうにしていた。その中の一人の男性が買い物をしにレジに来てくれたとき、僕はなんとなく聞いた。今、何をして暮らしているのか。彼は、大学を出たあとアルバイトをしていたが、今は特に何もしていないという。なんとなく探った。どういう雰囲気の人か。話しやすい柔らかい雰囲気だ。それに、そのとき店でかかっていた田辺マモルの歌を知っていて、さっきまで友達とその話をしていたという。そして、なんとなく振った。ここでアルバイトしてくれる人を探していると。彼は突然のスカウトにビックリしているようだった。しかし、嫌ではなさそうだ。むしろ喜んでくれている。少し考える時間が欲しいということで、その日はひとまず帰っていった。

その翌日か翌々日くらいだったと思う。本を注文してくれた女性がいた。ガケ書房では普段あまり置かないような本を注文してくれた。彼女は個性に溢れていて、なぜかこの人がいたら面白い店になるかもしれないという直感が働いた。僕は、注文を受ける会話の中でスカウトしてみた。彼女も戸惑っていたが、嬉しそうにしてくれた。他でもアルバイトをしているので、また返事しますということで帰っていった。

それからまもなくガケ書房にその二人の姿があった。男性は梅野くんで、女性は北村さん。僕は、彼らの職歴や知識はあまり考慮せず採用した。採用条件は、雰囲気一点のみ。マニアックな知識など要らない。書店員としての経験も要らない。そういうものは新しい店を作るのに邪魔だと思った。知識や経験は、現場で後からいくらでも身についてくる。必要なのは、店との相性であり、フィーリングであり、最終的には人間性だ。

彼らは僕にないものをたくさん持っていた。むしろ正反対と云ってもいい。僕の男性的な店の個性を、中性的でマイルドなものに変化させていった。僕一人では、仕入れることのなかったであろう商品や知らない世界を店に持ち込んでくれた。

自分でも店が少しずつ変わってきているのがわかった。それに感化されて僕の商品の選別も変わっていった。最初のころに置いていたインパクトの強いものをやめて、もっと生活に馴染むような肩の力が抜けた商品が増え、店内にあった色々なギミックも取り払った。外観の車の柄も明るい爽やかなものに少しずつ変化させていった。

梅野くんと出会って、カルチャーショックだったのは、梅野くんが「自分は弱いのだ」ということを会話の中で普通に僕に話したことだった。男として生まれ育って、僕はそれまで弱音は山ほど吐いたりしていたが、面と向かって目の前にいる同性の男性に、「自分は弱い」と言えるような勇気はなかった。弱みになるようなそんなセリフはいつも飲み込んだり、見ないふりをしてきた。しかし、ごく自然にそのことを話すことができる彼に、僕は何かを教えられたような気がした。それは自分がこれからそうしようというのではなく、そういうナチュラルな思考を持てる男性が今の社会には確実にいるのだということだった。

梅野くんは暗記力に優れ、情報収集をキチンとできるタイプで、それを店の仕事の中でも存分に発揮してくれた。僕が、店頭で挨拶を交わした人物や比較的よく来るお客さんの顔や名前を思い出せずにいると、いつもそっと教えてくれた。会話をした僕が忘れているのに、横で見ていただけの梅野くんは覚えているのだ。僕と違って、キレイ好きなのでその部分でも大変助けられた。

北村さんは、とにかく手先が器用な人だった。ガケ書房の手作りの棚や備品類など、彼女にはたくさん作ってもらった。中でも消しゴムハンコが絶品で、お手製のハンコをたくさん店で使った。また、なぜか不思議な小道具も持っている人で、黒板やポストやアンティーク電話などを持参してくれたので、それらを店の小道具として頂いたりもした。彼女の良いところは、機動力があることで、結構面倒な内容の仕事でも、僕が出掛けたり休んだりするときにお願いしておけば、大体いつも責任を持って完了させていた。

梅野くんが自分で仕事を見つけて自分のペースで店を良くしていくタイプだとすれば、北村さんは与えられた仕事に関して、根気よく、かつ、スピーディにやり遂げるタイプだった。

ガケ書房が二人のおかげで好転し始めてしばらく経ったころ、オープン初日にTシャツを納品してくれたミシシッピ君に連れられて、時ちゃんという個性的な名前の女性が店にやって来た。そのころ、もう一人店で働いてくれる人を探していた僕は、彼女の雰囲気を見てまたスカウトしてみた。

時ちゃんは、趣味がはっきりしていて、二人とはまた違う個性だった。元オリーブ少女ということで、ガケ書房の雑貨部門を彼女に強化してもらいたいと思った。

彼女は気持ちが聡明な人だった。僕が出張で店にいないとき、ある商品をめぐってお客さんから店に直接クレームが入ったことがあったのだが、それはどう考えても僕の判断ミスで並んだ商品だった。そのとき、店にいた時ちゃんがお客さんのクレーム対応にあたってくれた。どう考えてもこちらが悪いケースなのに、どういうわけか時ちゃんのパワーでそのお客さんは笑顔になり、最終的に買い物までして帰ったのだった。

僕はこの三人の恩人によって、ガケ書房の本当のスタートをきることができた。彼らが現れなかったら、三カ月で店は潰れていたと思うし、この本もなかったと思う。

始めることより続けること

救世主たちが現れて、ガケ書房はようやく形が整ってきた。僕自身、それまでの自分本位な品揃えから一転し、まず、実際に店内に入ってきてくれる人たちに喜んでもらえるようなラインナップを揃えることに専念した。前日に売れた本のスリップのチェック、お客さんからの問い合わせ、近隣店の傾向、スタッフからの情報収集。僕は、その街の空気を吸うのを忘れていた。お客さんと商品で対話するのを忘れていた。

お客さんからお金をもらって、店という場を続けていくためには、綱引きが求められる。お客さん側の引き。これは、ニーズだ。そして、店側の引き。これは、提案だ。綱引きは綱引きでも、引っ張りすぎては店を支えている〈普通の〉お客さんの絶対数を失う。逆に、引っ張られすぎると、店のアイデンティティが揺らぐ。ちょっと引っ張られてみたり、たまにクイッと引っ張ってみたり。そのパワーバランスが最終的にお客さん側からは店の魅力になり、店主側からは店を経営する醍醐味になるのだと思う。

店は、始めることよりも続けることの方が圧倒的に難しい。運よく開店資金を用意できたとしても、そんなものはすぐになくなってしまう。いかに工夫をして、運転資金を回転させていけるかが、その人の本当の力量の問われるところだ。

特に個人店の場合、店主の心がポキッと折れたら、それは即終了となる。たとえ仮に安定した売り上げをあげていたとしても、店主のモチベーションがなくなってしまったら、あっという間に終わりを迎えることだってある。元々何もなかったところに自分の意志で勝手に始めたことなので、誰も止めることはできないし、誰かが売り上げをあげてくれることも滅多にない。

店を続けるということは、ゴールのないマラソンみたいなもので、ランナーズハイのようにとにかく走ることが気持ちいいときも来るし、走るのが辛くて辛くてたまらないときも来る。そのときに店主はどうするか？　とりあえず落ち込むだろう。そして、ヤケになると思う。誰かに泣きつくかもしれない。酒場で大暴れしてしまうかもしれない。僕は手元に残る金額に落胆して、最初の三年間で計算機を二個叩き壊した。

でも、そんな時間を一通り過ごしても、現実はまったく変わってくれない。選択肢は二つだ。走るか、コースからリタイアするか。そういうとき、リタイアすることが楽な方法に見えてくる。プライドも一時的に捨ててしまって、その後のこともひとまずどこかに置いといて、とりあえずこの苦悩から逃げたい気持ちにつつまれる。

でも、また走るほうを選ぶ店主がいる。走らざるをえない店主もいる。再び走り出すための気力・体力のケア、これまでと違う走り方の工夫、走るコースそのものの変更などを試みる店主たち。

苦しんだから見えてくるのか、開き直るから見えてくるのか。やってみてからやめようという最後のあがき、不特定多数の誰かに対する意地、一度掲げた屋号へのプライド。それらがこれまでの自分と、これからの自分を向き合わせる。店主たちはその危うさを体現し続ける。その〈し続ける〉ということが、仕事なのかもと思う。

自分で店を持つということは、そういう進路も退路も含めて、自分で何もかも決めていかなければならないということだ。店名はもちろんのこと、そのイメージ、商品の選別、お金の管理方法、従業員間のルール、書類のフォーマット、トラブル処理などもろもろ、とにかく朝から晩まで大なり小なりの選択を迫られる。

まごまごしていたらどんどん選択肢が溜まっていく。なので、そんな生活をしていくうち、僕は日常生活も含めて、物事を選択するスピードがどんどん早くなっていった。多分もともと、優柔不断な方ではなかったのかもしれないが、メールの返信でもなんでも日々溜まっていくばかりなので、目の前に現れたらとにかく処理していく。

しかし、あえてすぐに決断しない物事というのもある。それらは、僕の場合、歯みがきやトイレやお風呂など、放っておいても体が動く時間の中で熟考される。ルーティンの動きの中で退屈に感じている頭は、ボーッとしているようでしていない。むしろ、何かを思考し始める。そういうとき、宿題になっている想念上の物事が引き出されてくる。僕はそういうときが一番、ボーッと集中している。体はリラックスして、脳は集中している状態。そういう時間に色々なアイデアが生まれる。ときには、忘れていたことも思い出す。

本の販売実験

ガケ書房では、色々な本の売り方を試みた。まず、お客さん自身がおすすめ本のPOPを書いて、店頭に並べる売り方。これは店内に小さいポストを設置して、隣りに応募用紙とペンを数種類用意しておく。応募用紙は真ん中にキリトリ線がついており、上段は白紙となっている。ここにはお客さんのおすすめコメントを直筆で、自分の配色で、自分のレイアウトで書いてもらう。下段には、書名・著者・出版社（わかれば）と、自身の名前・住所・電話番号を書く欄がある。ポストをチェックして、その用紙が投函してあれば、僕らはそれに従って発注をかける。何日か経って本が入荷したら、応募用紙の上半分を切り取って、本と一緒にお客さんが書いたPOPを並べる。五冊売れたら、ガケCDをプレゼントしたりしていた。

これは結構いいと思ったが、それなりに難しいこともあった。まず、意外と書く人が少ないということ。なので、いつも書く人が決まってきてしまうということ。ということは、並ぶ本の傾向も似通ってくるということ。そしてたまに、リスクの高い高額で返品のできない本もリクエストされてしまうということ。これらに対しては、事前に断り書きをしてなんとか対応していたが、そのコーナーはいつのまにか店内で一番動きの悪い棚になってしまったので自然消滅した。

他には、雑誌を表紙ではなく中身を先に見せて売るという方法。ガケ書房の売りでもあった入口すぐの雑誌棚は、一タイトルずつ平置きで見せる作りで、雑誌を重ねて置ける幅はせいぜい三冊。なぜ幅が限定されるかというと、一段ごとの棚の下部にコの字型のすべり止め木枠があるから。棚の角度が斜めなので、当然、普通に雑誌を重ねれば滑り落ちる。それを支えるためのコの字。そこに僕は着目した。つまり、雑誌を開けた状態でコの字部分に引っかければ、中身を表紙代わりに見せるプレゼンテーションができるということだ。

雑誌は主に習慣で買われることが多い。いつも買う雑誌や興味あるジャンルの雑誌コーナーにお客さんはまっすぐ向かい、とりあえずいつもの雑誌を手に取る。そこには、タイトルと表紙のみで判別される行動学がある。雑誌は言葉の通り、雑の誌だ。何かに特化した専門誌でない限り、雑誌には色んなジャンルのことが載っている。いつもはアンテナにまったく引っかからないファッション誌を開けてみると、最近気になり始めていた思想家のインタビューが載っていたり、育児雑誌の中に昔から好きだった写真家の特集があるかもしれない。

僕はそういうパブリックイメージからは到達し得ないイメージの違うページをわざと選んで、雑誌棚にひっかけて並べた。興味のある特集の雑誌だと思って手に取ってみたら、今まで存在は知ってたけど一度も中を見たことのなかった雑誌だということに気づく。この雑誌はこういうことも載っている雑誌なのかと、そのお客さんの雑誌の選択肢がそこで一つ増える。僕がしたかったのはそういうことだ。しかし、このプレゼンテーションは場所を取った。通常、四タイトル並べられる棚の倍の広さを使うので、二タイトルしか雑誌が並ばないのだ。さらに、お客さんは見終わったあと、どのページが元々開いていたかいちいち覚えていないし、たとえそれを覚えていても元通りに直してくれることは当然してくれない。なのでこれも自然消滅した。

あとは、通常返品できない本の価値観をもてあそんだ。出版社の中には、その出版社の営業部に連絡して、返品してもよいという承諾を取らなければ返品できないところがいくつかある。電話ですぐ承諾を取れるところは問題ないのだが、ＦＡＸを送信してその返信が返ってくるまで返品できない出版社もある。そういう出版社の本はＦＡＸを送ったあと、通称〈捨て猫ボックス〉に置かれる。これは、マンガなどでたまに見る「この子猫たちをもらってください」という哀愁を誘うダンボール箱の原理だ。小さめで底の浅いダンボール箱に布を敷いて、そこにその承諾待ちの本たちをそっと置く。その箱には「もうすぐ返品されてしまう本たちです。この本たちを買ってあげてください」と書いた紙を貼る。箱はもちろん地べたに置く。これが結構売れた。その本自体の存在がクローズアップされることも大きいと思うが、返品されるという境遇に後ろ髪ひかれ、救ってくださったお客さんがいたのかもしれない。これは、結構後々まで続いた。

古本棚の奥行き

ガケ書房のもう一つの大きな特徴は、店内に貸し棚を設けたことだ。

オープンして間もないころ、一人の中年男性がいきなり、僕の在庫を並べていた店内の古本コーナーを見て、「もしよかったら、自分の持っている古本を一緒に置かせてもらえないだろうか」と提案してきた。その人の名前は、山本善行さんといって、何冊か古本関係の本を出している人で、山本さんの古くからの友人である古本ライターの岡崎武志さんは東京の新刊書店ですでに自分の古本棚を展開しているとのことだった。聞けば、すぐ近所に住んでいるという。僕は、古本コーナーを作っていたが、在庫管理が大変だった経験もあり、買い取りはしないことに決めていた。なので、その提案は渡りに船だった。すでに選別された古本が定期的に入荷してくるのだ。

ただ、一つだけお願いすることがあった。それは、絶版の本のみの取り扱いにしてもらうということ。今も流通している本が古本コーナーに並んでしまっては、ただのセカンドセールの棚になってしまい、新刊の売れ行きにも影響する。

僕は、もう手に入らない本、新刊では見かけない著者の本など、付加価値のついている商品を店に並べたかった。値付けはなるべく買いやすい現実的な金額。棚代はない。売れた本の三十パーセントを手数料で頂戴する。古本が売れて、初めてお金が発生する仕組みだ。

山本さんが持ってくる本は、ガケ書房の在庫に奥行きを与えた。お客さんの中には、新刊しか買わない人・古本しか買わない人というのが存在する。古本を置くことは、後者の人たちが店に来る動機になるし、なにより新刊と違って売れるまで請求が発生しないから、新刊では仕入れるのをためらうようなジャンルの本や、少し高額な本も長い間置いておける。また、自分のまったく関知しないところから選ばれてきた本なので、その人の人生観やキャラクターに裏打ちされたラインナップが並び、面白い。

山本さんとは、一度、阪急百貨店のフロアを借りて「山本善行ノ世界」という古本の展示販売会を開いたこともある。そのとき僕は、山本さんに〈古本ソムリエ〉という冠をつけることを思いついた。それはご本人にも気に入ってもらえて、今でも使ってくださっているようだ。

山本さんの棚が評判を呼び始めると、我も我もと棚を借りたい希望者が現れた。僕は、ガケ書房の特色を理解してくれている人、自分独自の在庫を持っている人に、まずお願いした。そのメンツにはなぜか、プロの古本屋やネット古書店のようなセミプロの人ではなく、ただの古本好きの人のほうがたくさんいた。学校の先生、ミュージシャン、写真家、骨董品屋オーナー、ライター、無職など。

それぞれの棚のカラーはあまりかぶることはなかった。当たり前だが、これまでの人生をそれぞれ違う道のりで歩んできたので、出会ってきた本たちも当然違うのだ。

古本の大きな特徴は、ベストセラー落ちの百円均一本を除き、出会いがすべて一期一会というところだ。新刊のようにどこの店に行っても必ずあるという絶版本はあまりない。また、同じ値段で「いい本」と出会えるということも少ない。そこが古本を買うときの醍醐味でもある。

僕もよく古本屋に行くのだが、いい本が安い値段で売られているのを発見したときの喜びは何物にも代えがたい。そういう本を探す喜びは、宝探しに似ている。

ライブはじまる

ライブをすることになったのも、やらせてほしいという依頼があったからだ。ガケ書房のオープン準備をしているときに赤ちゃんを抱いて店内に入ってきたのは、AUXというユニットの森島さんという人だった。彼がここでライブをできないかと提案してくれたのだ。本屋であると同時に、音楽がイメージづくような店にしたかったので、すぐにお願いした。

今考えると、とても恥ずかしくなるのだが、ガケ書房のオープン時のキャッチフレーズは、ジャパニーズ・サブカルチャー・ショップというのと、ロックの倉庫というものだった（ああ、恥ずかしい）。カテゴリーイメージとしてはサブカルチャーもロックも、今の時代、微妙になってしまった言葉だ。しかし、店のイメージを限定されそうなサブカルチャーはともかく、ロックという言葉に関しては、そこに僕の明確な価値基準があって、ぜひ使いたかった。

そのころの僕は、物事の判断基準に〈ロックかどうか〉を用いていた。僕にとって、ロックという概念は、音楽のジャンル以上に、あり方や考え方を指す言葉だったからだ。それは、存在としての異物感、衝動からくる行動、既存とは違う価値の提示、というういくつかの要素を、どれか一つでも兼ね備えているものを指した。僕は、そういう本や音楽や雑貨をオープニング在庫として集めた。そして、それに追随してくれる人たちを待った。

しかし、すでに使い古されていたロックは、たくさんのゆるい解釈を飲み込んでしまっており、僕と似たような概念でロックを捉えている人は少数のようだった。むしろ、そうではないのに、という誤解のイメージにさいなまれることの方が多かった。なので、すぐにそのフレーズは封印した。

しかし、店で音楽は鳴らしたかった。ＢＧＭは、店内で売っているものを中心に日本語の曲を多くかけた。ガケ書房のように非流通商品を多く扱うような店は、アンビエントミュージックや前衛音楽やジャズなどをかけると、さらに〈それっぽく〉なる。しかしそれでは、店内の雰囲気に隙がなくなる気がしたし、それをやる自分自身も少し気恥ずかしかったので、隙のある邦楽を選んだ。ただし、よくラジオでかかっているような邦楽ではなく、日本語のうたとして先入観なく聴けるもの。それらをかけていると案の定、今かかっているのは誰ですか？　とよく聞かれた。それでたくさんのCDを売った。一番よく聞かれたのは、デビュー間もないハンバートハンバートだった。でも、オープンのころ、店内でかけていたあるオムニバスCDがあって、僕は今でもそれはちゃんと聴けない。それを聴くと、経営がドン底だったころのうすら寒く荒んだ気持ちが、いまだにリアルに再現されてしまうからだ。音楽の力は強い。

ライブイベントをやることには二つの目的があった。一つは、音楽のイメージを店につけたかったこと。そしてもうひとつは、人脈づくりだった。僕は、左京区どころか、京都に帰ってきてまだ一年ぐらいだったので、京都の繋がりというものが三島以外まったくなかった。ライブイベントを通して、ミュージシャンやその周辺にいる人たちと知り合えたらいいなと思っていた。

最初のころにやっていたライブ形式に「うたつむぎ」というものがあった。これは、タイトル通り、うたを紡いでいくイベントで、わかりやすく言うと、「笑っていいとも!」のテレフォンショッキングの音楽版だ。プレイしたミュージシャンが次のミュージシャンを紹介して、月替わりで延々とライブが続いていく形式。それで地元のアマチュアミュージシャンたちとたくさん知り合った。そのうち少しずつこなれてくると、欲が出てきたのか、自分が好きだったプロミュージシャンにもやってほしくなってきた。

ある日、京都の老舗ライブハウス、磔磔《たくたく》のライブスケジュールを見ると、高校時代に大好きだった友部正人さんの名前があった。無謀な僕は、直談判をしに行くことにした。ライブ前のリハーサルを見計らって現場に到着すると、入口にイベンターの人がいて、今の時間はそういう余裕はないから、本番後に出直すように言われた。僕はひとまず退散し、ライブが終わるころを見計らって、また出向いた。すると、中からアンコールで盛り上がっている声が聞こえてきた。その声を聞いて、僕は急に緊張し始めた。友部さんにどういう風に話そうか、何を伝えようか。眼は血走っていたと思う。

アンコールも終わって、中からお客さんがぞろぞろ出てきた。身構える僕。まるで討ち入りに行くような感じだ。ほとんどのお客さんが出終わる。さっきのイベンターの人がいた。その人は、僕のことを覚えてくれていた。それで友部さんにライブをやってもらいたいのだが、マイクやPAなどの機材がなくても生音でやってもらえるのだろうか、と無理なことを聞いてみた。その日、実は友部さんともう一人共演者がいたのだが、建前上、その人にも公平にお願いしないとマズいかなと思い、その気もないのにその人にも同じ条件でライブしてもらえないだろうかと伝えてもらうようお願いした。イベンターさんは、二人に聞いてくると言って中に入っていった。そして、〇〇さんは生音はダメといってるが、友部さんが一度話を聞いてみたいと言っているので、直接話してみたらと言ってくれた。僕は我を失い、中に突入した。

目の前に友部正人がいた。僕はそのとき、何をしゃべったか覚えていない。覚えているのは、テンション高く話す僕の顔をじっと見ながら、話を聞いていた友部さんの目だ。どこの馬の骨ともわからない男の話を真正面から聞いていた。僕は、その目に吸い込まれるように、友部さん、今から僕の車でガケ書房に行きましょう！　と言ってしまっていた。友部さんは、行ってみたいけど今からは無理だなぁと少し笑った。翌日、友部さんはガケ書房に来た。自分の作った店に好きだったミュージシャンが立っていることが信じられなかった。

僕はあの礫礫の夜以来、どんな有名な人と会ってもあまり緊張しなくなった。それは、あのときの友部さんの目が魔法を解いてくれたからだと思っている。

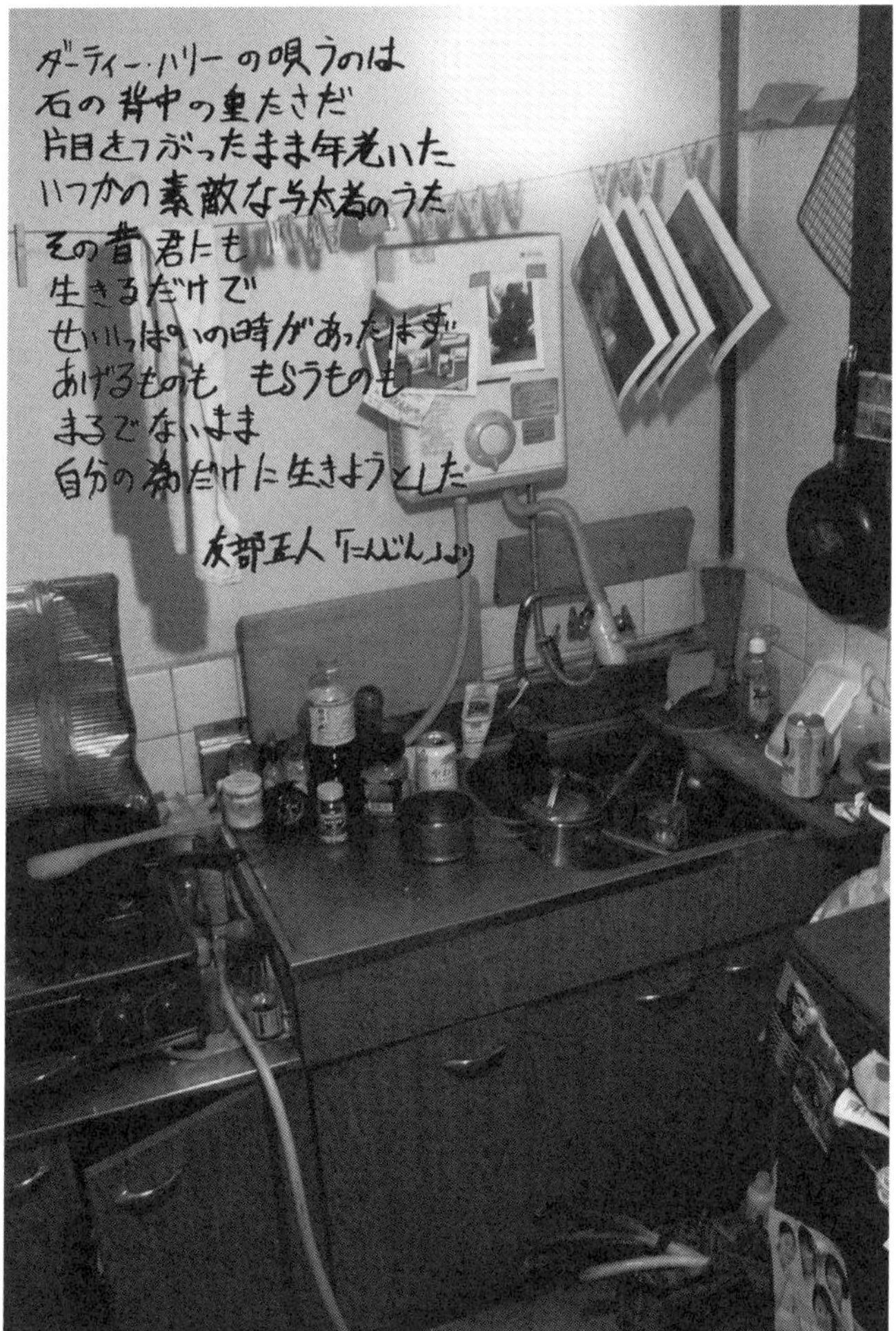

友部正人さんの最初のガケ書房ライブ時のフライヤー。自分さえも助けることができないときがある。字は僕が書いた。

大体のことはＯＫ

ある日、レジに若い男性二人がやってきてこう言った。

「外壁とお店の間のスペースって、何にもしないんですか？　もし、予定がないのなら僕たちに庭を造らせてもらえませんか？」

そこは全然意識にないスペースだった。元々、物件の周りには、小さな花壇スペースがあった。僕が借りる時点ですでに花はなく、鉢植えが無造作にいくつも置かれているだけだった。僕はそのスペースを隠すように例の外壁を作った。なので、その部分に全然気が回っていなかった。店内の大きな窓からは丸見えだったのに。

彼らは庭師で、インディペンデントな店を中心に、これから自分たちの庭を作品として提供していくプロジェクトを考えていると話した。なんと素敵な計画だろうと思い、すぐにお願いしたくなった。

しかし、庭ともなると結構予算がかかるのではないか？　と冷静になり、恐る恐る予算のことを彼らに尋ねると、これが一回目の記念すべき作品なので、予算内でできる限り仕上げますとのこと。今から思えば、失礼な予算だったなと思うのだが、彼らは知り合いの業者の不要物や自分たちで調達してきた植物や石などを使って、楽しそうに庭を造り始めた。途中で、どういう庭がお好みですかと質問されたので、僕は昔から夢だったことを思い出した。

幼少のころから生き物が好きだった。特に亀が好きで、小学校一年生のときに買った亀を筆頭に、その時点で全部で四匹の亀を家で飼っていた。クサガメにミナミイシガメにニホンイシガメ二匹。亀のタフで長生きなところと水陸両用なところが好きだった。そのころは、家の狭い水槽で飼うことの限界を感じ始めていて、いつか大金持ちになったら亀が自由に過ごせるアクアリウムを作って、優雅に眺める余生でも送れたらなと想像していた。その思いがもしかしたら叶うかもしれない。僕は、亀が自由に過ごせる空間を作ってほしいとお願いしてみた。

やがて、石で囲まれた池ができ始め、亀たちが木陰で休むスペースなどが用意され、店内の窓からはゆっくりと亀たちを眺められる見事な空間ができあがった。その後、知り合いが保護してきた亀もさらに加わり、ガケ書房は亀が店内から見られる日本で唯一の新刊書店になった。

そういうことは、他にもあった。入口のすぐ横に、たたみ一畳くらいのスペースがあって、そこもまた何にも使っていなかった。オープンしてから三年ぐらい放置していたが、ある日、スタッフからあのスペースを貸し店舗として使うのはどうだろう、という提案があがった。基本的になんでもやってみる僕は、早速出店者の募集を始めた。すると、少しずつやりたいという人が現れ、不定期にそこで仮設店舗がオープンし始めた。

そのスペースは入口以外の周囲がガケ書房の外壁に囲まれており、奥の壁面にはまだブレイク前だった画家・ミロコマチコさんのもぐらの絵が描かれていたことから、通称・もぐらスペースと呼ばれた。カフェ、お菓子販売、食べ物販売、雑貨屋、展示、バーなど色んな業種の人が出店した。しかし、入口であり、屋外であるという条件の下で売り上げをあげるのは至難の業のようだった。入口なのでお客さんはあまり立ち止まらない。お客さんへの声掛けは必須だ。それでもあまり立ち止まってくれないので、お菓子などを販売する人たちには皆、試食を用意してもらい、お客さんとのコミュニケーションを奨めた。しかし、ほとんどの人が店をやったことのない人たちだったので、誰もが人懐っこくふるまえる訳ではなかった。机に自分の作品を並べて、椅子に黙って座って、半日を終わらせてしまう人もたくさんいた。朝早くからたくさん食べ物の仕込みをして、最終的にいっぱい余らせてしまう人もいた。皆、体験として面白かったと言ってくれたが、僕は、売り上げをあまり持って帰ってもらえないことが申し訳なかった。ガケ書房の集客の貧弱さも大いに関係していると思った。そういうこともあり、大体一回やったら二回目の出店をする人は少なかった。しかしそんな中でも、その場所で妙にハマった職業がひとつだけある。それは占い師だ。

周囲が壁に囲まれているという微妙な密室感と外部からの疎外感。通りすがりにでも飛び込める屋外という特殊な状況。占い師側にとってもなんの準備も仕込みも仕入れもないからリスクが少なく、何度もやる人がたくさんいた。一時は入れ替わり立ち替わりで、まるで占い部屋のような感じになりかけたこともあった。人気のある人は、最初から最後まで約六時間人が途切れず、喋りっぱなしということもあった。そういうとき、僕も報われた。

ガケ書房は基本的に一般のお客さんや常連さん、スタッフ、ミュージシャン、友達などからの声や行動を反映させて、進化していった店だった。例えば、試みとして印象深いのは、店内に誰でも弾き放題のギターを置いていたこと。これはPOPに続いて、店内BGMもお客さんにやってもらおうというもので、アコースティックギターと椅子を本棚の角あたりに置き、「自由に弾いてください」というメッセージを近くに添えておいた。実際にちゃんと弾く人は少なかったが、一度、素敵なギター独奏を弾き始めた外国人が、たまたまそこに居合わせたラップをしている若者たちとセッションをし始めたことがあった。その様子は、ここはニューヨークか⁉　と思うほど素晴らしかった。しかし、たまに自分の作った歌をジャカジャカ本気で熱唱する人なんかもいて、最終的に「いざ弾かれたら、うるさいね」という本末転倒なオチでその試みは終わった。

また、お客さん参加型のもう一つの例として、手書きBBSというのもあった。これは、むかし駅にあった小さな黒板の掲示板を模したもので、こちらは消えるマジックの掲示板だったが、お客さんたちは、そこに誰かに宛てたメッセージや、お店に来た記念のコメント、ライブ告知、告白など楽しんで書いていってくれた。ネット上のBBSと違って、この掲示板は書いている姿がレジから見えるからか、荒れることはなかった。

並べ方について

ガケ書房は、ほとんどが表紙を見せた置き方で本を売った。場所は取るが、差して並べるより圧倒的にアピール力がある。ビジュアルがお客さんの判断材料になる。だから、文脈よりもビジュアルの特性を重視して並べた。

例えば、棚の下の方はやや暗くなるので、明るめでインパクトのある表紙のものを。地味な色の本同士は隣り合わせない。本を前後三列の透明スチール棚に置くときは、後ろにくる本は前の本より背が高く、タイトルが上部に書いてあるもの。帯があって初めて内容がアピールされるものは、必ず一番前。そして、横に置く本は少し幅の小さいもの。キチキチすぎると、お客さんが棚に戻すときに、帯を引っかけて破く可能性があるからだ。また、帯のついた複数冊の本をスチール棚に面陳で並べる場合は、二冊目以降を必ず天地を逆さにする。そうしないと、お客さんが本を棚に戻したときに、百パーセントの割合で帯をグシャッとつぶすからだ。

絵本の帯は基本的に全部はずす。なぜかビジュアルを邪魔するようなものが多いからだ。絵本への興味の入口は表紙がすべてなので、デザイナーによってコンセプトがすでに完成されていることが多い。なので、それをしっかり見せるほうが存在感が増す。あと、これはガケ書房に限った現象かもしれないが、映画化・ドラマ化といった告知帯はマイナスに働くことが多いので取る。ガケ書房に来ていたお客さんは、既知の情報よりも未知の情報を求めてくる人が多かった。だからだろうか、世間で認知されたものや大型書店でも容易に見つけられそうな本は売れない。それまでコンスタントに売れていたある原作マンガが、映画化されたことで急に売れなくなる。そして、その映画の上映が終わったら、作品自体はまだ連載が続いているのに、まるで熱が冷めたように一気に終息感を帯び始める。消費されていくメディアバブルだ。

ついでに言うと、出版社の人にお願いしたいのは、売り上げスリップがページにまたがって挟まれているのをなんとか改善してほしい。スリップを落ちにくくするためとか、機械がオートメーションでやっているということとか、色々な理由があるのだと思うが、ほとんどのスリップはお客さんがページをめくるときにページにひっかかるか、強引にめくられたときに勢いづいてはずれ、どこかに飛んでいく。棚の下などにスルッと入ってしまったらなかなか取れないし、もう気づかない。たまに要らないものと思って、その場でくしゃくしゃに丸めてポケットに入れるお客さんもいる。

売り上げスリップはただの紙切れに見えるが、とても重要な紙切れだ。まず、その紙が本に差さっていないと返品ができない。返品しても、スリップなしということで返送されてくる。ウチのようなＰＯＳレジではない店舗は、売り上げスリップを見て、自店の売れ線データを管理している。そのスリップについているバーコードをハンディ機器で読み込んで追加発注をしている。細かいことだが、商品の選別に関わる大きなことだ。

しかし、最近ではコスト減なのか、そのスリップ自体が元々挟まっていないコミックやムックが出始めてきている。これは、すべての本屋はＰＯＳレジを導入しろという業界の無言の圧力か。ガラケーからスマートフォンに変更しないと便利なサービスが受けられなくなってきている現在の状況にも似ている。

ガケ書房でよく売れる本の傾向は、生き方を照らしてくれるような本だ。ただ、ビジネス書のような自己啓発本は売れない。前述したように、この地域にはネクタイをしている人がほとんどいないからだ。自己啓発本でもどこか卑屈だったり、落ちこぼれのためのような本が売れる。また、答え（らしきもの）が書いてある名言集や、ペーソス溢れるエッセイ集、小説は詩情のある純文学が売れる。僕はその出会いを提供するために、入口をたくさん作る。普段のなにげない日常生活の寄り道となる入口。それは、僕が子どものころにこま書房で夢中になった、違う世界への扉だ。

本屋の面白いところは、一つのジャンルでも色んな考え方を隣り合わせて提案できるところだと思う。食事の話ひとつとっても、野菜がいいという本、肉食がいいという本、何も食べないほうがいいという本など、様々な思想が横一列に並ぶ。

僕は本屋が思想をコントロールし、本を選ぶのはマズいと思っている。なので、正反対の考えの本を横に並べたりもする。いくらセレクトショップを気取っても、最終的に本を選ぶのはいつもお客さんだ。

店はお客さんを選ぶことはできないが、お客さんは店を選ぶ。比べたりもする。ブランド戦略で結果的にお客さんを〈セレクト〉している店もあるが、僕は欲張りなのであらゆる人に来てもらい、楽しんでもらいたい。万人に受ける品揃えの店という意味ではない。いってみれば、店内に入ったら童心までいかなくとも、地位や立場や見栄を一時的にでも忘れて、気持ちを解放できるような店。店の中ではヒソヒソ声で話さないといけないような雰囲気の店にはしたくない（もちろん、そういう店もあっていいいと思う）。かっこよく言えば、確認と発見と解放を棚に並べておきたい。

でも、レジからお客さんを見ていたある日、人間が結局興味を持つのは「性と死」に尽きるんじゃないかと思ったことがある。店に並べている本の中で、売れないが、一番たくさん立ち読みされるのは、セクシャルなものだ。僕の店は、あからさまなエロ本は置いていない。これは、女性のお客さんに不快な思いをしてもらいたくないからと、自分の店の中で欲情されるのがなんかイヤだからだ。これは多分、自分自身が一番スケベだと思っているからだと思う。

しかし、性に関する本は置いている。ヌードがある芸術本や漫画、性の歴史本、雑学、小説など。そういうものは、男性も女性も好きだ。また、死を連想するような本もよく手に取られる。それらは、グロテスクで刹那的なものという意味だけではない。性と死は人間の必須科目で、健康も恋愛も生き方も死に方も自己顕示欲も憧れも快楽も、結局は性と死に帰結されるからだと思う。エロスとタナトスを巡るタイトルが、今週も世間のベストセラーの中でたくさんランクインしているような気がする。

某月某日

「某月某日　はれ」

車の運転中、すれ違ったり、前に停車したりする長距離トラックのナンバープレートの都道府県名を見て、移動してきたであろう距離や風景を想像し勝手にすがすがしくなる。


「某月某日　あめ」

なんだか渋滞してるなと思ったら、超がつくほどのミニスカートの女性が横断歩道で信号待ちしていて、それを通り際に何気に見ていく運転手たちの渋滞だった。

「某月某日　ゆき」

若いバンドのあるメンバーがラジオで話している。六〇年代の音楽にすごく詳しい。でも詳しすぎて少し違和感を感じる。それは説得力不足というやつかもしれない。語るには何かがついてきていない。自分もそうなのではと心寒くなる。同時代の音楽や文学はすぐ手の届くところに転がっているというのに。

「某月某日　はれ」

神代《くましろ》辰巳の映画特集を大阪の映画館で観る。無駄なシーンが多い。台詞もすべてアフレコで上手く聞き取れない。ストーリーではなく、その無駄なシーンたちがとても印象に残る。最近のストーリー優先のお客に親切な映画ではなく、遊び心と誇りに満ちた大人の映画を久しぶりに観たような気がした。僕たちはあのシーンがこのシーンがと、それらをマネながら帰り路を歩いた。

「某月某日　あめ」

地方のビジネスホテルの夜。普段の生活とまったく違う密室。ここに一人でいると、自分が毎日何をして収入を得ている人なのか、一瞬わからなくなった。


「某月某日　はれ」

叡山電車を使ったイベントのリハーサル。機材搬入の為、車庫に行くと、出発前の点呼が始まっていた。「警笛よーし」「ブレーキよーし」「ドア開閉よーし」。大きな声で電車内をあちこち動き回る車掌。演劇のような大声。まるでパフォーマンスのようだ。しかし、汗だくのその真剣な大声は、惰性という悪魔を封じ込めていた。


「某月某日　くもり」

いいものに触れるといいものを作りたくなる。いい文章、いい映画、いい音楽、いい絵、いい漫画、いい人、いい店。自分にできるとかできないとか関係なく、いいものを作りたいという輪郭が生まれる。その輪郭の中身がはっきり見えたとき、いいものはいつのまにか完成しているのかもしれない。

「某月某日　あめ」

前にその人が僕に教えてくれた知識。今日、そのことを話したら、その人は自分は教えていないと言う。確かにその人の口から教えてもらったのに、その人は忘れている。知っていた知識そのものを。

「某月某日　はれ」

銀行が合併して遠くなった。酒屋に競合店ができて酒屋戦争がおこった。喫茶店がなくなって不動産屋になった。ホームセンターが買収されて名前が変わった。働く街が変貌していく。どんなに政治に興味がなくても、どんなに経済に興味がなくても、生活圏は景気という波の上に浮かんでいることを風景が示している。

「某月某日　あめ」

初対面の人と新幹線の通路ですれ違うとき、日本人は仏頂面。外国人は笑顔を差し出しあうという。僕たち日本人が無防備にスマイルを差し出せるのは、犬と猫と保護者に抱かれた肩越しの赤ちゃんにのみだ。


「某月某日　はれ」

体調を崩すと、何もいらなくなる。音楽がいらない。残念ながら本もいらない。ホントは優しさや温もりがほしいが、意外なものが苦しみからひとときの解放へといざなってくれる。集中を迫られなくて、選択を迫られなくて、目の前にいる人をずっと楽しませようとがんばってくれているもの。それはテレビ。病院の病室に設置してある理由がわかるような気がした。健康になったら、また僕は見なくなるのだろうけど。


「某月某日　あめ」

かしこぶるおじさんはその時点でかしこくない。

「某月某日　くもり」

結局、あの日の僕は君に認めてほしかったのか。無自覚で無頓着で無教養だが、大きな君の感想。その感想で見識者たちの批評が、僕の中でくつがえっていく。

「某月某日　くもり」

創作は嘘つきのはじまりだ。これまでどの嘘が報われて、どの嘘が封じられてきたのか。狼少年は教訓を学んだらしいが、創作もそのとき捨ててしまったのだろうか。

「某月某日　あめ」

水に弱い。風に弱い。熱に弱い。本はか弱い。

「某月某日　はれ」

長谷川健一さんの結婚パーティーで司会をすることに。一張羅のスーツを着て現場まで桜の中を歩いていく。途中で寄った古本屋で小川国夫の随筆を買って、住宅街の中を歩いていく。その本はひと昔前の単行本によくある函入り上製本で、なんとも持ち応えのある一冊。そんな本を左手に持って家を眺めながら歩いていると、なんだか布教先の家を探す宣教師のような気分になってきた。小川国夫はクリスチャンだったな。僕は神父ではなく司会だった。

「某月某日　はれ」

新聞に「伊勢丹吉祥寺店　最後の営業」の記事。閉まるシャッター越しに深々とお辞儀をする制服をまとった従業員たちの写真。プロフェッショナルを提供している姿というのはなんとセクシーなのだろうと思う。

「某月某日　くもり」

タイムスリップしたくなったら、YouTubeで映画番組のかつてのオープニングシーンを見る。「月曜ロードショー」「水曜ロードショー」「金曜ロードショー」「ゴールデン洋画劇場」「日曜洋画劇場」。家で映画が観られるというリッチを味わっていた日本人たち。

「某月某日　はれ」

よくしていただいている方からの依頼で、雇われアルバイト。現地集合して段取りを聞く。肉体労働一歩手前の仕事。汗をかく。休憩時の缶コーヒーがうまい。日当をいただく。自分の身ひとつからお金が発生するという事実。モノを仕入れて売りさばいて利益を得るという稼ぎ方に慣れた思考には感動が強い。なにがあっても自分の体が動けるのならば、生きていけるのだと再確認した日。

「某月某日　くもり」

友達の家の本棚にあったレイ・ブラッドベリ『たんぽぽのお酒』を流し読んだ帰り道。奴の家の近くにあるブックオフに寄ったら、『たんぽぽのお酒』が百円コーナーの棚にささっていた。続きを読もうかと本を開けると、大きな葉っぱが一枚挟まっていた。宙を見つめた僕はそのまま棚に戻して、奴がいつかの帰り道、その葉っぱを発見する日のことを想像しながら家路に着いた。

「某月某日　くもり」

中高生のころ、ナイターを見ながらビールを呑む中年像を毛嫌いしていた。でもそれは、労働という経験を伴っていない思想であったと反省しながらビールを呑む。

「某月某日　あめ」

セシル・テイラーのドキュメントを観に行く。説得力とは、言葉の妙よりもやはりその人自身の日常だと思った。

「某月某日　くもり」

近所の薬屋さんに貼ってあった「健康」という散文詩。「健康とは身体に異常がないということではない」という一文。健康とは、陽気に暮らすことだというようなことが脈々といいリズムで書いてあった。

「某月某日　くもり」

コロッケを肉屋に買いに行く。目の前で揚げてくれる。お会計になる。持ち合わせは一万円。その一万円を熱した油へ落としそうになる。そのとき思う。ああ揚げたら紙。これはやはり人間が決めた紙。

「某月某日　あめ」

ガラス張りの書店の前を通る。エロ本コーナーに男たち。切ない目で裸を探している。獲物を探す目ではない。女神を探す目だった。

「某月某日　はれ」

矢面に立っていない人が矢面に立っている人を忘れて、身の丈を超え始めたのはいつごろからだろう。

古書善行堂
<山本善行>
松永真、デザインの話。
ジャスミンおとこ
マリリン・モンロー
北の岬
辻邦生
のはなし
三平のはなし
薔薇ぐるい
英霊の聲
三島由紀夫
世界探偵小説全集
今日も映画日和
映画人生
東映と共に歩んだ50年
図像観光

home
home
五条モール
I LOVE
W.S
トロルの家
2014.12.10～2015.1.4
12/4(木)
～
12/28(日)
売りつくし!
甘夏ハウス
年末オヨヨ書林
古本 SALE!!
ALL
SALE
OFF
20% OFF!
yoji & his
Live House
ス。
2014.12.18 (thu)
山崎まどか×多屋澄礼トーク
『オリーブ少女ライフ』
2014.12.26 (fri)
『雪の国の白雪姫』スライド&トークショー
京都の瓦屋さんで
メキシカンタイル
POST CARD
からだチューニング

11月29日
LIFE IS COMIN' BACK!
都会で消耗する生活に疲れたら…
地方&空き家への移住がねらいめ！
24
努力をつくす
「雑談」の中にこそ本質がある！星野源
笑福亭鶴瓶
みうらじゅん
ケンドーコバヤシ
前野健太
LIVE with SOAPLANDERS
2014.10.22 On Sale
唄小屋
ならあなたも
ファッションはつくれる！
一乗寺
演奏会
12月28日
CINEMA PICCHI VOL.3
Swades
わたしたちの国
この土のにおい、どうして忘れられるだろう——。
2014年12月27日
ソ連・東欧のマッチラベル展
3x5cm
の
ユートピア
The Ways of Life on the USSR Matchbox Labels
СПИЧЕЧНЫ

全国共通
図書カード
取扱い店
WWF
VISA
WE STILL LOVE YOU 2009
K.OZAWA

タクシー
水濡厳禁
取扱注意
kyoto 2015
夢の本屋

ザ
北白川西町

あの日のライブ

そのイベントは持ち込まれた企画だった。

ウェブ上でイベント告知し、チラシは各所に配り、レジでそのチラシを折り込んだりした。しかし、予約人数は片手で数えられるほど。出演者に申し訳ないという気持ちと、当日の店の収入がまったく見込めないという憂鬱。

二〇〇七年ぐらいまでは、ライブの日は通常営業を休んでいた。昼過ぎに出勤してステージの準備を始め、夕方からリハーサルをしたあと、本番を迎えるという営業スタイルをとっていた。

元々、ライブをする予定で店づくりをしていなかったので、ステージや客席のスペースを確保するために、最低でも二時間はかかっていた。移動する平台やＣＤ棚は四、五人がかりでないと動かない重い什器であり、準備だけでも結構な人手と時間がかかった。

その日もなんとか準備が完了した。マイクやミニＰＡなどのセッティングもなんとか間に合った。服はもう汗だくだ。

まもなく、出演者がやってきた。出演者は二組。一組は外国の人だった。その筋ではそこそこ有名らしい。僕は二組とも知らなかった。リハーサルが始まる。どちらもギターの弾き語り。僕たちスタッフはそれを聞きながら、お客さんを受け入れる準備を進める。

予約数は何も変わっていない。これはもう、当日飛び込みのお客さんに期待するしかない。

開場。予約人数が少ない上に全員が来たわけではなかった。しかし、当日のお客さんが何人か来たので、出演者も混ぜると、ようやくこぢんまりしたまとまりに見えなくもなかった。

本番。先に日本人の若い弾き語り。結構いい。リハーサルではその魅力に気づかなかった。彼は熱演し、一時間にわたるステージを無事終わらせた。

次に外国のミュージシャン。みんな知っているのか、にわかに小さな歓声があがる。抑揚のない歌声とメロディ。そういうもんかなと思って、なるべくありがたがって聴いてみた。三十分ぐらい経過したところで、抑揚のないまま彼のステージは終わってしまった。みんなそれで満足なのか、ありがたいような雰囲気で小さめに盛り上がっている。

そしてそのまま、店内は観客も交えたちょっとしたアフターパーティのような感じになっていった。僕らは様子を窺う。心の中は、こんなにあっさり終わっていいのか？　という思いを抱えたままだ。

出演者と観客のやりとりを見ているうちに、僕はあることに気づいてきた。どうやら会場にいる全員が友人同士のようなのだ。出演者も客も皆、慣れ合いの時間を過ごしている。そして、その時間がさらにまったりし始めると、全員が店に置いている本やＣＤも見ずに帰り始めた。

僕はむなしさでいっぱいだった。彼らにその気はなかっただろうが、いわば彼らのホームパーティのようなものに、僕は店を休んで、チラシを配って、集客に胃を痛めて、準備に汗をかいて、本番まで見守って、つき合ったのである。僕は雀の涙のようなその日の収入をレジに打ち込んだ。

イベントというものは、企画開始からその打ち上げが解散するまでずっと神経を使い続ける、長いスパンの行事だ。告知を開始したら、当日まで集客を気にし続けることになる。予約が入らないと、宣伝が足りないかもとか、企画が悪かったのかもと色々もがく。そして、いざ本番が始まったら、お客さんの誘導や音響への配慮に精一杯で、演奏を楽しむ余裕などない。本番が終わったらたくさんの人と挨拶や談笑をして、お客さんが全員帰ったら、例の力仕事と商品の再陳列が待っている。その時間があるので、僕たちスタッフは打ち上げに参加する時間がいつもとれない。

そのころは、二週間に一回ぐらいの割合でイベントを開催していたのだが、ある日、準備のために机を運んでいる最中に、

「俺はいったい何をしているんだろう？　ここでライブハウスをしたいわけじゃない」

と思った。僕は本屋をきちんと頑張ろう、自分が望まないイベントはもうやめよう、とそのとき決めた。

それからはライブのときでも店を休むのを止め、夕方まで目一杯営業してから準備を始

めることにした。そして店内イベントのときには、必ず店内の全商品対象の五百円割引券というものをつけた。それを思いつくようになったのは、あの日のことがあったからだ。ライブという目的を終えたら帰っていくお客さんをなんとかしたかった。

僕はなるべく集客の見込めそうなイベントを開催したが、少人数のイベントもやはり経験した。出演者のほうが多いこともある。しかしそんな中に、人が少なくても印象的なイベントというものもあった。

関美彦さんという横浜在住のシンガーソングライターのフリーライブを開催したときのことだ。関さんは曽我部恵一さんの盟友でもあるから、その周辺が好きな人には知られているが、京都ではあまり知られていない。歳はもう中年だが、青年のような声でメロウな曲を歌う人だ。普段は肉体労働で汗を流していて、生活臭くない歌をエッセイを書くように作っている。それはシンガーソングライターという言葉にふさわしい佇まいだと思う。

平日ということもあって、ガケ書房のお客さんも多いわけではない。まばらなお客さんを前に、関さんはまるで自室で歌うように素敵で繊細な曲を奏で始めた。僕たちはそれを静かに聴きながら、仕事をした。誰が歌っているのかまるでわかっていないようなお客さんたちも、静かに本を読みながら全身に甘いメロディを浴びている。曲が終わっても拍手が起こるわけでもない。しかし、店内には彼の歌声に包まれた空気が充満していた。外は雪が降り始めていた。

やがて歌い終えた関さんは、帰り支度を始めた。じゃあまたと告げたあと、彼がギターのカポタスト（キーを変えるための器具）を忘れていることに気づいた僕は、急いで後を追った。

店を出ると、少し向こうに、ギターケースを片手に下げて、バス停まで歩く関さんの後ろ姿が見えた。大粒の雪の中を走る僕。追いついて彼のコートの両肩に積もる雪を見たとき、これからも彼のようなミュージシャンを応援していこうと思った。

その本屋にふさわしい本の量とは

オープンして五年目ぐらいまで、売り上げはずっと右肩上がりだった。売り上げがいい日は、すぐにわかる。最初の一時間でレジの打率がいい日は、なぜか閉店時間ギリギリまでずっとレジがコンスタントに動き続けることが多い。レジの傍らに置いていく売り上げスリップも、レジ締めのときにはまるで背筋運動をしているみたいに反りかえってしまっている。その束を見て、心の中でニヤける。

経営者とは単純なもので、売り上げが良い日が続くと、ごきげんで気持ちも大きくなったりする。逆に売り上げが悪い日がちょっとでも続くと、あらゆることが気になってきて絶望的になったりする。何がいけないのだろうか？　お客さんにあきられたんだろうか？

自分の怠慢の結果か？　でも、昨日はたまたま悪い要素が重なっただけなのかも……とかそんな堂々巡りをする。そして、新たな決意や、成るように成るという思いを抱えたまま、翌朝を迎える。

僕の場合は、出勤途中の車の中でも、まだずっと昨日の気持ちのままでいる。もやもやしながら、音楽のヴォリュームを目いっぱい上げて、表通りをぶっ飛ばしたりする。しかし、店に到着して鍵を開けて、店内に入った途端にその気持ちはどこかへ消えてしまう。

多分それは、スタッフが目の前にいるからかもしれないし、「現場」が目の前にあるからかもしれない。スタッフに僕の気持ちが伝染してしまっては大変だ。店の空気に影響する。なにより現場には、毎日やることがたくさん転がっている。今の現状を変えることができるかもしれない「現場」という一番の特効薬。

でも、本当のことを言うと、スタッフにもたまに冗談めかして弱音を吐いてみたりもする。そういうとき、彼らはいつも励ましてくれる。言葉で、存在で。

経営者の一番の不安要素は、最終的にはいつもお金のことだ。自分でお金を作り出す立場だから、それは当然だ。家賃、公共料金、人件費、仕入れ代、生活費、諸経費。これらを全部売り上げで賄わなければならない。その中でも毎月の変動が激しく、一番金額も大きいのが仕入れ代だ。

ガケ書房のメインの仕入れ方法は、取次経由で本を仕入れるルート。これが仕入れ構成比の中で一番大きい。注文して商品が届くと、納品書には請求日が記載されていて、それは通常、納品月の十五日と末日に設定されている。しかし、仕入れた請求額をまともに払っていては、お金がまわっていかない。本はそんなにすぐ売れないからだ。なのでどうするかといえば、返品を積極的にする。返品をするということは、その分お金が返ってくるということだが、それはあくまで構造上の話で、実際は仕入れ金額から差し引きされる。物理的に返品額が仕入れ額を上回ることはない。そういうときは、店の在庫が著しくなくなるとき、つまり、閉店するときかもしれない。

しかし、本屋は一生懸命、返品をする。返品率がどうとかよく言われるが、死活問題なので背に腹は代えられない。基本的に大半の本の現物を見られるのは、納品されてからなので、返品はその時点での判断か、しばらく売り場に置いてみての判断となる。面白いことに、どんなに売れていた本でも、やがて売れなくなるときがやってくる。最終的に一向に売れない本と売れる本とを入れ替えることになる。これは、取次を使っている最大の利点で、ＩＳＢＮコードという「本のマイナンバー」のような番号を持った本であれば、大手の出版物はもちろん、日本全国のどんなマイナーな出版社の本でも、一冊から取次が送料負担で送ってくれる。返品に関しても同じだ。つまり、究極の話をすれば、千円の本を百冊仕入れて、同じ月内に千円の本を百冊返品すれば、請求額は限りなくゼロ円に近づくというわけだ。しかしそれをもし実現してしまったら、小さな店の在庫はみるみるなくなってしまうだろう。

そこで、僕はバランスに苦心する。本屋における売り上げと経営を両立させる適正在庫とはどれくらいか？　新刊は利益率二十パーセントという驚異の薄利多売だから、棚の回転率などをデータ化したり、積極的なフェア展開などで利益を追求しなければならない。

しかし、僕の店は効率が悪く、本来であればぎっしり差して並べたら本が十冊以上は並ぶ棚に、表紙を見せて並べる「面陳列」という並べ方で三冊だけ並べたりしている。一見、自殺行為のようなこの在庫量は、仕入れ予算の少なさが一番の原因だが、それを逆手にとったこの並べ方が功を奏することもある。

アレがある本屋とアレもない本屋

本屋の適正在庫は、その本屋の大きさ以上にその店の性格が関係するのではないかと思う。大型書店と個人経営の書店ではあきらかに在庫量が違うので、その店の性格もまったく異なってくる。そのことにお客さんも気づいてほしい。あの近所の本屋は駅前の大きな本屋に比べて本が少ないからダメだという判断は、街歩きの楽しみ方として損をしている。

言ってみればその違いは、網羅型の本屋と提案型の本屋の違いだ。提案型というのは、別にいわゆるセレクト系書店のことを指しているのではない。すべての個人経営の書店が提案型書店なのだ。網羅できる予算とスペースがないから、選ばざるをえない。そうすると、網羅の中で埋もれてしまった本が前に出てくることがある。少ないからこそ見えてくる本というのがある。もっと言うと、いくら本を網羅していても、お客さんが目的の本や興味のある本に出会えなかった場合、その店にはその本は「なかった」ということになるのだ。

人の視界というのは、本当に狭いんだなと思うことがある。常連の人がもう何年も売れ残っている本をレジに持ってきたので、「え、今頃ですか?」と突っ込むと、「この本、前からありました?」と言われる。そんなことがたまにある。ウチのように在庫が少なく、ほとんど面陳列でアピールしまくっているような店でもそういうことが起こるのだ。大型書店ならなおさらだろう。

そういう隙間というか、本との出会い方の役割分担として個人経営の書店は存在している。誤解してはいけないのは、大型書店があって初めて個人書店が成り立つということだ。彼らが経済をなんとか回してくれているから、著者も出版社も取次も印刷所も、そして小さな書店もなんとかやっていけているのだ。足を向けて寝られない。

お客さんの中には、すでに自分が知っている馴染みのキーワードにしか反応しない人たちがいる。これは、特に小学生から高校生ぐらいまでのまだ制服を着ているような世代に多い。入学前はあらゆる絵本に対してフラットに反応できていたのに、入学してしばらくすると、テレビで見たヒーローやアニメキャラクター、クラスで話題の漫画など、すでに知っているものしか見えなくなる。そういう子たちは、店に入ってきても「アレがない。コレもない。僕の知ってるものが一つもないから、この店は面白くない」となる。僕は、このことを〈確認の買い物〉と言っている。確認の買い物は、大型書店向きだ。網羅型の在庫が対応してくれる。もっと言うと、これこそネット書店向きの買い方だ。知っているキーワードを打ち込めば、目的のタイトルが目の前にすぐに現れる。

一方で、〈発見の買い物〉というものがある。これは、何も目的を決めないで本屋に行き、そこで出会った本を見初めて買うことを指す。これは提案型書店である個人店舗ならではの買い方だ。しかし、対ネット書店の意味合いでいえば、本当はすべてのリアル書店の楽しみ方でもある。検索ではなく偶然の出会い。今はもう、目的の本にすぐにたどり着ける時代だ。本屋に頼まなくても、自分で取り寄せることが簡単にできる。思いもよらない本との刺激的な出会いというのは、目的の外の買い物の中にある。それを空間として提供できるのが、リアル書店の強みだ。

ガケ書房の最終的なキャッチフレーズは、「あなたのその目的の本はここには多分ありません。しかし、目的外の本がここにはあります」というものだった。だから、確認の買い物をしに来る人たちにとって、退屈な本屋であることは当然だ。普通の小学生はお母さんと一緒に店に入ってきても、すぐに早く帰ろうと言う。なので、そういう子が知っている『ワンピース』や『進撃の巨人』などもたまに置いておく。そうすると、その子は本当にそれだけに反応する。

あと、年配の人にもそういう傾向が少なからずある。時代小説やいつも買っている週刊誌などが置いていないと、「ここは私の来るような店ではない。若い人の店だ」となる。これは、ずっとガケ書房の課題だった。そういう層のお客さんたちにも喜んでもらうにはどうしたらいいか？　簡単なのは、世間で認知されている情報の雑誌や本を並べることだ。しかし、そのバランスが難しい。そういう在庫を仕入れるための予算はもちろんのこと、そうではないお客さんをがっかりさせない置き方も考えなければならない。僕が世間で流行っている商品も普通に並べてガケ書房を始めたとき、お客さんの期待値を裏切ったのか、店の売り上げはひどいものだった。そういう流行商品は、それを求めてきた人以外にはうちのような店では全然売れない。それでも置き続けるような余裕は僕にはないので、認知度の高い情報の扱いにはとてもデリケートになる。

しかし、僕はその難しい課題にこそ、面白い棚づくりの可能性があるのかもしれないと思う。例えば、絵本の棚ではなく、芸術書の棚に「妖怪ウォッチ」の本が一冊並べてあっても、三行広告のような健康情報誌がサブカルの棚にあってもいい。そういう状態は、ネット書店ではコンピューターのエラーと認識されるかもしれない。しかし、ガケ書房のような店では、それをエラーではなく、提案に変換できるかもしれない。そこに、その本の新しい視点が生まれるんじゃないかと思う。

お客さんにとっては深読みの対象でもただの笑いのネタでもいい。しかし、新しい出会い方を演出しているのは事実で、それはリアル書店が潜在的に持ち得ている、偶然を生かした売り方だと思う。

本はどこへ行った

家の近くに有名チェーン店がある。そこは一階が書店で二階がCD・DVDレンタルのフロアとなっていて、最近ではゲームも売っている。一階の書店フロアには、カフェが併設されている。僕はたまに、家から持参した本をそこの窓側カウンターで読みふけることがある。その日は、ほぼ深夜に近い時間帯だった。一日の終わりの気分転換に僕はそこに寄り、読みかけの本を開いた。座席はいつものカウンター。

そこは、同フロアの書店に置いてある本を自由に座席に持ってきて、読んでいいというシステムだ。さらに親切なことに、持ってきた本は元の場所に戻さなくても、指定のかごの上に置いておけば、店員さんがあとで棚に戻してくれる。しかし、これまでそのかごに積まれていくのはファッションや旅行関係の雑誌が多かったようで（それらはまるで商品ではなく、チラシの束のようにそこに次から次へと積みあげられていた）、その対応策として「雑誌類・旅行誌の座席への持込は不可となりました。書籍一冊のみ持込可能です」というような注意書きが、いつしか机の上に表示されるようになった。

書籍というのは、専門的には〈雑誌コードのついていない本〉のことを指すが、一般的には小説やエッセイ、写真集など、どちらかというとじっくり能動的に読む本のことを指す。そういう書籍をじっくり〈読む〉人は、雑誌というか情報をパラパラ〈見る〉人に比べると、比較的数が少ない。

その日の夜は、カウンターの僕の隣りに五十代くらいの男性が座っていた。その男性は、スポーツ雑誌をパラパラ読んでいる。しかし、どうやら彼は飲み物などは何も注文していないようだ。そこにカフェの店員がやってきた。まず、やんわりとその人に持ち込んでよい本の種類を説明し始める。男性は一瞬のクエッションマークのあと、徐々に自分が辱められたというような顔になり、激高し始めた。本の種類のことで納得しない男性。ひたすら決まりごとだと説明する店員。そのうち、男性はこう言い始めた。

「前は、あっちの本屋のところに椅子があったのに、なくなったからここで読んでるんや！　今時、どこの本屋でも椅子くらい置いてあるぞ！　サービス不足や！」

確かに以前、本屋フロアの各棚の角には椅子が常設してあった。しかし、僕はそこでたくさんの人が本を片手に持ったまま、爆睡し、本を傷めてしまっている姿を見ていた。そういう積み重ねから椅子は撤去されたのだろう。たとえ、カフェ側がその男性の主張を受け入れても、受け入れ切れないのは、そこが本屋のフロアではなく、カフェのフロアだからだ。書店エリアではお金が発生しないが、カフェの座席はざっくり言ってしまえば、有料席だ。入店時にレジで何かを注文して、初めて座席を利用できる。この時点では、この男性はカフェにとってはお客さんでもなんでもない。深夜のヒマつぶしにやって来て、勝手にスペースを占有している人だ。その男性は、なおもサービス不足を主張し続ける。それにあくまでも丁寧に対応する店員。しかし、少しずつ自分の正当性が苦しくなってきたのを感じ始めたのか、男性は業を煮やし、カウンターに雑誌を叩きつけて、大きな物音を立てながら帰っていった。

この一連の出来事の一番の犠牲者は誰か？　答えは、店員でも男性でもない。被害者は、最初から最後までその存在をないがしろにされ続けた本だ。そこに本のアイデンティティはない。ただの手なぐさみの紙切れのように扱われている。書いた人がいる。編集した人がいる。校正した人がいる。印刷した人がいる。製本した人がいる。その紙切れにはたくさんの人の仕事が詰まっている。そうしてできあがった本は、本屋にとって日銭となる大事な商品だ。多くのカフェ併設型書店が提案している、販売用の本をカフェ席に持って行って、読んだあとは元の場所にも戻さなくてもよいというサービスは、明らかに過剰だし、本の紙切れ化を推奨しているようにしか僕には見えない。

先日、東京の電車に乗ったら、まだ地方より本を読んでいる人が多かったので少しだけ安心した。でも、これは人口の絶対数の問題なのかもしれない。地方の通勤風景の中では、もう本を読んでいる人はほとんど見かけない。そして驚くのは、ボーッと窓の外や向かいの席を見ているような人まで大幅に減ったということだ。つまり、〈手持ち無沙汰の人〉が減ったのだ。スマートフォン以前は、本を読む習慣のない人はただウォークマンを聞いて窓の外を見ていたり、ただ座ったりしてボーッとしていた。それ以外の人はみんな寝ていた。でも、今は皆、手元でスマートフォンをいじっている。おじいさんも子どもも。スマートフォンはいとも簡単に、〈本を読まない層〉にまで暇つぶしアイテムとして普及したのだ。そのことはスマートフォンが能動的なメディアではなく、実は受動的なメディアであるということの証なのではと思っている。

そして、電車の中でそれを問題に思っている人はいないようだ。もしかしたら、たいした問題じゃないのかもしれない。スマートフォンは便利だし、世界中の楽しい情報を知ることができるし、みんなそれを使っているし。読書人口が減っていくのを悲観しているのは、本の作者、出版社、取次、そして本屋だけなのかもしれない。自分たちの都合だけで。紙、インク、製本の発明は、本という〈ある完成形〉を生み出し、百年前に書かれた物語や歴史に残る思想、遠い国の文化、巷の最新情報や、知りえないマニア情報などを教えてくれた。しかし昨今、そんな本の役割がひとつ減ったことは認めるしかない。

この間、昭和五十年代に封切られた日本映画をＤＶＤで観た。そこにはこんなシーンがあった。電車で旅行をする若いカップル。隣り同士の席で男が月刊コミック誌を読んでいる。大笑いする男。たまらず女に言う。「おい、ここ見てみろよ！」漫画の面白いコマを女に見せる男。それを読んで一緒に笑う女。

僕はそのシーンを見て、本というものが前時代的アイテムになってしまった現実を突きつけられたような感じがした。今ならこのシーンで男が手に持って女に見せるのは、確実にスマートフォンの画面だろう。

スマートフォンは僕も持っている。とても便利だし欠かせないと思う。その一方で、僕は喫茶店でも電車の中でもちょっとした待ち時間でも大体、本を開く。ひねくれ者の僕のことだから、それは風潮への反発だったり、少数派の優越感かもしれないと自分で思っているところもある。でも自分にとっては、知り合いのいないカフェで、誰にも邪魔されずに三百五十円くらいのコーヒーをゆっくり飲みながら本を読んでいる時間が、一日で一番リッチな時間なのだ。これは動かせない事実なのだからしょうがない。

読書を考えたりして

いつからだろう。読書という行為が読書をしない人たちにとって、ある種の勉強のようなものになってしまったのは。

幼いころ、両親やおじいちゃん、おばあちゃんがまだ字の読めない僕たちに与えてくれた「本」というものは、とても不思議で興味深いアイテムだったはずだ。知的好奇心を刺激される楽しいおもちゃのひとつだったはず。どんなに科学が進歩しようとも、ファーストブックと出会う子どもの想像力の飛距離は今も昔も同じはずだ。

かつて、本という存在は日本人の教養主義の象徴だったらしい。「学を身につけたい」という淡い切実な思い。家に本が置いてあるという風景は「いつかこれを読むのだ」という知識欲を満たすお守り的な安心と、来客用のインテリ風インテリアとして、そこにあった。しかし、それは本当に読むときが来ない限り、実体のないものだ。実体のない象徴は生活の変化とともに風化する。

現在、本を読むという行為は、たくさんの魅惑的な選択肢をさえぎり、環境と時間を自覚的に設けない限り、容易ではなくなってきている。スマートフォンの普及以降、加速度をあげて実体がなくなり続ける〈読書時間〉は、特に若い人たちにとって非日常な行為になりつつある。

「休みの日は、大体読書しています」と言うと、普段、本を読まない人からは感心されたり、頭が良いように思われたりする。しかし、僕にとって、本は娯楽ソフトで、読書は映画を見たり、音楽を聴いたりすることと同じ、ひとときの夢想時間だ。こんな時代だから、本が教養のためではなく〈豊潤な娯楽〉として読まれなければ、スマートフォンアプリの足元にも及ばないのではないだろうか。

読書は、退屈な学校教育の延長線上にあるものではなく、楽しい娯楽行為なんだと、あえて僕は言い切りたい。日本人が小説と最初に出会うのは、多くの場合、学校の教科書だったりする。授業は、先生が一方的に話して、生徒はそれを四十五分間黙って聞くようなスタイル。そうした国語教育は、読書の楽しさを教えるわけではなく、むしろ読書のイメージを悪くするような〈黙って我慢をする時間〉として記憶されてしまう。他の国はどうか知らないが、日本では、詩や小説とのファーストコンタクトが悪すぎることが読書という行為を遠ざけ、特別視させている一因ではないかと思う。

本は、気軽に本屋で買って帰れる優良なソフトであり、ハードだ。小説は大事に読めば、映画のように二時間では終わらない。一週間は自分自身の想像力で読みながら楽しめるコストパフォーマンスの良いアイテムだ。予算度外視のCG映像も、故人が突然登場する夢のキャスティングも、小説上の空想の中ではいとも簡単に実現する。情報が少なければ少ないだけ人間の想像力は広がるものなので、映画化された映像より、原作を読んで想像していた物語のほうが圧倒的に面白いことが多い。

二〇一五年、ピースの又吉直樹さんが芥川賞を取った。僕はこれは本当にいいことだと思う。『火花』がベストセラーになって、僕たち本屋の懐が潤うからというのではない。一冊のベストセラーというのは、あくまで一時的な現象だ。現象はやがて過ぎ去る。僕が思っているのは、又吉さんという人が読書という行為を世間にプレゼンテーションしてくれる、とてもいい人材だということだ。

又吉さんは元々、深夜番組の「アメトーク！」などで「読書芸人」として本を読むことの楽しさを世間にアピールしていた人だ。僕も店に来てもらったり対談をしたりして、その本への愛情を痛切に感じた。僕たち書店業界の人間や選書家の人がいくら本を推奨しても、その影響力はたかが知れている。僕たちのコメントが掲載されている媒体にたどり着かない限り、お茶の間レベルには到底届かないのだ。

又吉さんが最初に「アメトーク！」で読書芸人として登場したとき、彼は神保町の古本屋で本当に即決でポンポンと本を購入した。それこそレンタルDVDを借りるみたいに。もちろん、予算との兼ね合いもそこには関係しているが、そういう〈ソフトとしての本の買い方〉、〈本屋の楽しみ方〉がお茶の間に流れたという事実はとても大きいと思う。実際、その放送の翌日、二人の若い男性が連れ立って僕の店にやってきて、そのうちの一人が、「ゆうべ、『アメトーク！』で又吉が太宰治のこと色々話してたやろ？　俺、ちょっと太宰読んでみたくなってん」と言って、レジで太宰治の文庫本を買って帰ったのだ。これは、又吉さんが本を買うという行為、読書という行為のハードルを下げた瞬間だったと思う。

読書人口の裾野を広げるには、一冊の本が流行ることではなく、読書という行為が流行ることが重要だと思う。いわゆる〈読書ブーム〉が起こらないかなと思う。

現象がブームになるためには、いつも〈かっこよさ〉が不可欠だ。楽しそうに本を買う姿や、本のことを夢中で語る姿、そして優雅に読書する姿などが又吉さんのような有名人を通してメディアで紹介されることは、〈かっこいいか・かっこわるいか〉ばかりが価値基準になってきているような今の社会では、とても有効な気がしている。カフェでスマートフォンをいじるよりも、文庫本を優雅に読んでいる方が本当のスマートだというプレゼンテーション。一時的なブームでも全然構わない。それが読書人の裾野を広げるきっかけになると思うからだ。本を普段読まないという人は、読書時間の中にいるときの不思議な浮遊感を体験していないことが多い。読書がブームになることによって、そのハードルが下がることは、〈イマジネーションを使って楽しむことができる〉本というハード&ソフトの再評価につながるのではないかと思っている。

盗まれる痛み

店内を歩いていて、何かがいつもと違う感じがした。何が違うのだろうとしばし考える。あの棚にいつもあった高額なCDのボックスセットがない。おお、ついに売れたのかと喜び勇んで確認する。しかし、売れたCDのタイトルを記載しているノートをめくれどもめくれども、そのボックスセットのタイトルが出てこない。そんなに前に売ったはずがない。書き忘れかもしれないと思い、全スタッフに確認してみる。誰も売った記憶がない。

ここらへんから僕の背筋はやや冷え始める。まさか、と思い始める。レコードのLPサイズの結構大きいブツだ。それをヤラれたとは。嫌な予感がして、他のめぼしいタイトルも在庫を調べてみる。あれもこれもない。寒さを通り越して体中が熱くなる。鼓動が早くなる。一体、何者だ？

考えているうちに、僕は一人の男を思い出した。なくなっているタイトルの傾向があの男の趣味に似ている。

五年前、僕は五十歳代の男を捕まえていた。そのときもボックスセットがなくなったりしていた。防犯カメラに録画された映像をくまなく見たところ、怪しい人物はいた。しかし、決定的瞬間が撮れていない。その男が来た翌日には、大概何かCDがなくなっていた。そして、棚の下にはカッターで取り出したと思われる防犯タグがいつも捨てられていた。ジャンルは七〇年代の日本のロックばかり。

そのときの僕には、もうほとんど確信があったので、カマをかけて捕まえることにした。何食わぬ顔でやって来た男に、盗んだ瞬間の映像を保管してあるので白状しなさいと詰めよった。男は少しシラを切ったが、すぐに観念した。そのまま僕は男の家まで行って、商品の代金をすべて弁償させた。お金を持っているのにどうして盗んだのだと尋ねると、言葉を濁しながら老後の楽しみにしようと思っていたと答えた。

男はこれまで一度も働いたことがなく、滋賀県で塾を営む高齢の両親の仕送りでずっと暮らしているとのことだった。今は何をしているのだと尋ねると、京都大学を目指して毎日勉強していると言う。アパートの自室の他に倉庫用の部屋も借りていた。僕は、警察には届けず示談にした。しかし、もう店には来ないでくれと男に通達した。

今回なくなっているCDのジャンルはあの男の趣味に限りなく似ていた。この五年間、奴の姿は店内では見ていない。

防犯カメラの映像を見る。髪型は違うが、あの男だ。男は僕の休みの日を調べて、来ているようだった。すぐにスタッフ全員に面通しをし、顔を覚えてもらった。そして、今度奴が現れたら、すぐに電話するように伝えた。

次の休みの夜。早速、電話が鳴った。あの男が今店内にいるという。片道三十分かかるが、間に合うことを願って車に飛び乗った。そして運転しながら、警察に電話した。今、万引きの容疑者が来ていて、今日また必ずやるから、ガケ書房にパトカーの音をさせずに、制服ではない恰好で来てほしいと。

僕が店に着いたとき、ガケ書房はランプを消したパトカーに囲まれていた。外で打ち合わせをする。指揮の先頭に立ってくれたのは、勇敢そうな女性警察官だった。

スタッフに聞くと、奴はまだ店内で物色しているとのこと。その女性警察官は制服姿だったが、隙を見て一緒に店内に入った。そして、二人でレジの下に隠れ、防犯カメラで男の行動を追った。

万引きの逮捕は現行犯が原則だ。僕たちは心の中で〈盗れ！〉と祈る。スタッフはそ知らぬ顔でレジに立っている。

男が周囲を見回す。何かをしている。手元は見えない。そして、店を出て行った。

僕は急いでその棚の下を調べた。防犯タグがあった。外に走る僕。奴は悠々と自転車に乗ろうとしているところだった。外で待機していた警官たちは顔を知らないので、その男が犯人だと気づいていない。

僕は、大声で柄の悪い言葉を吐いて、男をボッコボコにしていた。気がついたら、女性警察官に羽交い締めにされて、

「気持ちはわかるけど、これ以上やったら暴行であなたも逮捕しないといけなくなるよ！」

と言われていた。幸い、その姿はスタッフには見られていなかった。僕は、怒っている姿を人に見られるのが嫌いなのだ。

あの男に間違いなかった。手がジーンと痺れていた。思わず手が出たのは、盗まれた怒りもあったが、五年前の約束を破られたことにあった。彼は、もう万引きは絶対しないと僕に誓ったはずだ。

今度は警察に突き出した。深夜におよぶ調書の作成。その後も現場検証などに時間を取られた。たくさんの盗品が部屋から出てきた。

万引きは失うものばかりだ。あの男も、僕も。

セレクトという幻について

ガケ書房はセレクトショップとして紹介されることが多くて、最初の二、三年は僕もその気になっていた。しかし、日々の仕事の中で次第にその言葉に違和感を覚え始めた。実は、セレクトというのはモノを売るという行為の基本なのである。商品を売っているお店は業種に限らず、皆セレクトしている。例えば、雑貨屋や洋服屋は、店主が店の売れ筋を考慮し、現物を見たりカタログを見たりして、並べる商品を自分で選ぶ。魚屋、八百屋などの生鮮業も、店主が市場でその日のイキのいいものを自分の目で選び、競り落とす。本当のことを言えば、個人店の場合、商品を並べるスペースも仕入予算も限られているから選ばざるをえないのが現状だ。そして、もっと本当のことを言えば、大手スーパーやコンビニだって本部が色々厳しく吟味している。むしろこちらの方が選別条件が厳しく、メーカーの新規参入が難しかったりする。

今、一般的にいわれているセレクトは、センス重視で選ばれたもののことを指しているが、要は、どういう基準でセレクトしたかの違いだったりする。

本屋の話に戻る。実は本屋は小売業の中で唯一といっていいほど、店主がセレクトしなくても成立する職業なのだ。新刊の流通経路を説明すると、まず、全国の出版社が新しい本を作る。次にその新刊は一旦、取次という卸問屋に集められる。集まった新刊は取次から全国の書店に発売日にあわせて一斉に配本される。この取次から送られてきた新刊を書店員は並べることになる。つまり、この流れの中では本のセレクトは取次がしている。本の内容に関する知識がなくても、一応の店構えができる仕組みなのだ。かつては、それでも通用する時代があったのかもしれない。

現状の取次のセレクトの基準を見てみると、それは、店の立地条件や規模、これまでに売れた本の種類、店のイメージなどをデータで管理した結果だ。全国に一万軒以上ある本屋のそれぞれのお客さんのニーズや傾向を正確に把握するのは、人間相手の商売なので現実的には難しいのかもしれない。でも現状では、毎日データ上のみのセレクトが取次で行われ、現場不在の本屋の棚が作られている。

また、このシステムは販売力至上主義のため、いわゆるベストセラーは確実な販売力のある店舗や、資本力のあるメガストアにしか配本されないことが多い。そこで、配本の少ない小さな本屋は取次から送られてくる売れない本を並べないで、店主自身が選んだ本を店に並べ始める。これは前述したとおり、本来の小売業の仕入れの形としては何の疑問もない当然の行動だ。しかし、書店業界では取次が本を送ってくれるという前提があるため、それをやることによってその本屋は〈セレクトショップ〉と呼ばれる。ガケ書房は最初からこれをやっていたので、そのカテゴライズに入ることになった。

しかし、僕は取材などである時期から、ガケ書房は〈究極の普通の本屋〉なのだ、とよく言うようになった。車が突き出た外観で、自費出版本やCDや雑貨なども置いている本屋が〈普通の本屋〉を名乗るとは、おかしいではないかと思われるだろうが、僕は自分で本を選別している以上〈小売業としての普通の流通形態の本屋〉をしているつもりなのだ。そして、わざわざ頭に〈究極の〉と付けているのは、いわゆる取次配本にまかせた本屋と区別しやすいように言葉のとっかかりを付けているにすぎない。今の時代、まったく商品を自分で選ばずに店を成立させるのは無理な話で、その〈セレクト〉という特別な感じを前に出したプレゼンテーションを打ち出すかどうかは、あとは店主の好みの問題になる。

当たり前のことだが、商品は最終的にお客さんが選ぶ。いくらお店がセンスを打ち出しても、最終的にお客さんがセレクトする。僕がやっていることは、言うなればお客さんの代理で本を仕入れているようなものだ。ただの媒介であり、店で本を選ぶお客さんと同じ行動パターンで本を仕入れているように思う。

店とお客さんとの関係性は対話と同じだ。キャッチボールが成立しないとやっていけない。一方的に自分のことだけを話す人は煙たがられるし、もう一度話したいとは思われない。しかし、きちんと相手の話を聞いてそれに対するこたえを楽しく返せれば、その人はまた話しにきてくれる。オープン当初のガケ書房は、まさに前者だった。とにかく自分の存在価値を世間にぶつけるような感じで気負っていたと思う。商品の選別にしても、お客さんのニーズなどお構いなしで、自分が面白いと思うものをこれでもかとばかりに展開していた。でも、それではやっていけないことがすぐに数字となって表れた。

本屋の場合、〈狭く深く〉というマニアックな商品選別では、今の時代、もうインターネットに勝てない。〈広く深く〉が理想だ。でも、即効性があり、現実的に売れていくものは、残念ながら〈広く浅く〉だ。本当に面白くて深いものは売れるのに時間がかかるから、色んな条件をクリアしないと、場所を維持できない。

よく誤解されるのだが、ガケ書房に置いている本は僕の趣味で選んでいると思われている。もちろん僕のフィルターは通るが、そのフィルターは僕の好みが基準ではなく、ガケ書房のお客さんの好みが基準だ。自分が好きな本を店頭に並べないこともある。逆に、自分が本当はどうでもいいと思っている本を平積みすることもある。すべては、仕入れ予算と、実際に売れる見込みのある本とのバランスで成り立っていて、そこはとてもシビアだ。自分の趣味だけで本を並べていたら、たぶん三カ月で店は終わっていただろう。

店を構えるということは、それはもう自分自身が個人ではなくなるということだ。郵便物や電話が、知らない人や会社から来る。店がメディアの取材を受けたりする。人から呼ばれるときに、個人名ではなく店名に「さん付け」で呼ばれたりもする。店の名前が広まると、インターネットの検索にも出てくるようになる。店を始めて最初に感じたのは、そういう現実だった。

セレクトショップという呼称が悪いとはいわないが、セレクトや目利きという言葉がすごく特別なことのように過剰にメディアで扱われている現状は、少し気味が悪い。目利きという幻想を商売にしている人が選んだ〈一見、間違いのない〉モノが欲しいという心理の底には、対価に見合った保証が欲しい、失敗して無駄金を使いたくないという不況の象徴のようなものがあるように思う。自分自身にとって本当に価値のあるモノとは何なのか。その確証を自分では持てない人が増えているのかもしれない。

プロとアマの出版について

ガケ書房は元々、自費出版で自分たちの本を作るチーム名だった。そのとき、本を置いてもらえる店の開拓に苦労した。だからというわけではないが、僕の店では自費出版の本もたくさん取り扱っている。それらを並べる棚は、取次経由で仕入れる大手出版社の本と同じだ。自費出版コーナーという感じで固めてしまうと、そういうものに興味のない人が自費本と出会う確率が低くなってしまう。また、買う人にとっては、その本が大手の出版社か自費出版かということは実はあんまり関係なく、その本が面白いかどうかのほうがもっと重要だったりする。

今はパソコンの普及により、大手出版社にも負けない自費本が出版される時代になった。

そういう本とフリーペーパーとのクオリティのボーダーラインも最近は微妙になってきていて、フリーペーパーで「えっ！　これ無料!?」というのがあるかと思うと、自費本で「えっ！　これでお金をとるの!?」というのもあったりする。

たくさん持ち込みのある中で、それを取り扱うかどうかの判断はやはり店のお客さんのニーズに合うかどうかだ。商品の良い・悪いではなく、合う・合わないの判断になる。僕は、作品というより、「商品」として総合的にバランスが良いものを選ぶ。一見、センスの良い小ぎれいなものより、たとえどこかがいびつでもトータルで可愛げがあったり、ユーモアがあったり、批評性があったりしたら、バランスが取れていると僕は感じる。魅力的なものは後者のものの方に多い。

しかし、自費本にはなぜか値段が印刷されていないものが多い。デザイン優先のところもあるのだと思うが、店に置いて売るところまで想定されていないのではないかと思う。自分もミニコミ出身なので言わせてもらうと、作ったあとの「売る」という行為を意識しないと、在庫は全然はけないし、売れるようなものも作れないと思う。「この本はとりあえず誰かに見てもらえるだけでいいんです」という人がたまに来る。そういう方には、その場でフリーペーパーのコーナーを薦めてみる。その方がよっぽど家に持って帰って見てもらえる確率が高いからだ。それに、売れなくてもいいと言われている本を、他の本をどけてまで置く金銭的余裕が僕にはない。

ここ数年、本を読む人や買う人が減っているのに、本を作りたい人、売りたい人が増えてきているという現象がある。一昔前は、一億総アーティストとか一億総評論家などと世間では謳われたものだが、今は一億総メディアという感じになってきた。自明のことだが、これは誰でも気軽にメディアごっこができるSNSなどの手段が普及したからだ。

本を出す異業種の人たちも最近は増えてきた。そういう人たちは、なぜか雑誌という形態で出すことが多い。理由としては、まず第一に雑誌というものが好きなのだと思う。しかし、雑誌というのは連続ドラマみたいなもので、定期的に毎号出し続けていかなければならない。それは、出せば出すほどネタが減っていき、雑誌自身のイメージもどんどん摩耗していく、とてもハードな発行形態だ。三号で燃え尽きる「三号雑誌」という言葉まであるほどである。

一方、書籍は一話完結の単発ドラマのようで、定期的に出さなくてもよいが、こちらは一つのテーマを深く掘り下げてこその価値が求められる。

ただ、どちらも自費出版の場合は、第三者的視点がそこに入る機会が少なくなってしまう。場合によっては、執筆も撮影もライティングもレイアウトも編集も、全部一人でこなさなければならないからだ。気の合う友達同士で作っていても、その熱い思いを客観視できる第三者的視点が介在していなければ、面白くて売れるものはできあがらない。ミニコミとマスコミの違いは、大きく分ければこういう部分かもしれない。それは単純に介在する人間の数かもしれないし、制作工程のシステム上の問題かもしれない。「商品」としての第三の視点をパッケージングできるかどうか。それは、その媒体で生計を立てている人とそうでない人の切羽の詰まり方の違いでもあるのだろう。

一昔前は、フォント文字や写真、イラストなどを印刷しようと思えば、必ず写植屋と印刷屋に頼まなければならなかった。しかし、今は誰もが自宅で簡易出版ができる。これは、プロとアマの垣根がなくなってしまうような現象だと思っていたが、考えてみれば、あくまで手段が普及しただけに過ぎない。これによって、プロとアマの差はより広がっていっているのだとも言える。しかし、矛盾するようだが、自費出版は、個人で完結できることにより、ある可能性が広がったようにも思う。

本当に新しい視点や思想は、いつも少数意見から生まれるものだ。大手出版社の編集者の暮らしぶりからは気づけない視点や、数字を気にしていては思いつかない発想、業界のしがらみでできない企画など、新しいアイデアが出てくるための隙間は、大企業であればあるほど小さくなり、個人であればあるほど大きくなる。何者でもない人間の視点、お金がないからこそたどり着く方法論、アンタッチャブルに触れられる自由な立場など、自費出版の世界にはタブーがない。そういう自由な領域には、たくさんの面白い方法論がいつも転がっている。実際、自費出版で話題になってメジャーデビューした人も多いし、おいしいところだけを見事に企業に借用され、荒稼ぎされた人もいる。

プロの仕事とアマチュアの仕事との差は、はっきりと存在する。しかし、原石となるアイデアは、アマチュアが手段を手に入れたことによって、より具体的に広範囲に世に放たれる時代になった。プロは新しいアイデアをすくい上げ、アマチュアはプロのパッケージングを参考にする。それは、健康的な関係なのかもしれない。ただ、流行りの出版物をアマチュアが模倣して世に放つことほど無意味なことはないと思う。

二枚目的な品揃えについて

作りたい人とともに本を売りたい人も増えている。こちらも異業種の人、もしくは、まったく初心者の人が最近は参入してくることが多い。平日は堅実な仕事を行い、土日のみスペースを開放して本屋を営業する人たちも増えた。そうした書店の多くは、契約金の高い取次とは契約を結ばずに、手持ち在庫の古本や、直取引が可能な出版社の本を並べたり、契約金のない小さな取次から本を仕入れる方法を選んで開業している。これは当然の選択で、ビジネスとして見込みの低い業種である本屋に大きく初期投資するような人は、現行のシステムが変わらない限り、これからも生まれないだろう。たぶん、取次と契約する形を取った個人経営の本屋は、僕が最後の世代なんだと思う。

金太郎飴書店という言葉がある。これは、どこの本屋もベストセラー中心の品揃えばかりで同じラインナップだという批判的な言葉だ。その言葉に呼応するように、セレクトを全面に押し出した提案型の個人書店がこの十年くらいで生まれてきた。しかし、そういう店の棚は、どうしても直取引をしてくれる出版社のタイトルに偏りがちで、そうした品揃えを選ばざるをえない個人書店が増えてきた結果、逆金太郎飴状態が生まれている。セレクトを売りにしているはずなのに、そういう傾向の店に行けば、同じような本のラインナップが並ぶようになってきたのだ。こういう状況を打破するには、やはりそれぞれの本の特性を知り、売り方や仕入れ方を工夫する「書店員」としてのスキルが必要になると思う。

仕入れ方法がどうであれ、新本も古本も自費本も、棚に並んでしまえば、本そのものの魅力はどれも等しい。本屋にできることは、たくさんあるタイトルからどの本を仕入れて、どういうテイストを提示して、その本の魅力をどうやってお客さんに伝えるかということに尽きるような気がする。料理にたとえると、すでにできあがった料理をどういう風に盛り付けるかだけの違いだ。最後に添えるパセリをどこに置くか？　どういう皿にのせるか？　どの料理と組み合わせるか？　という違い。それがそれぞれの店の個性になる。

個性は個性でも、流行りの個性というものがあると思う。個性といっているのに流行りというのは矛盾しているようだが、それは本当に存在する。できあがった料理をどうお客さんに出すかという違いの中では、特に生まれやすい。

今は雑誌を中心に、おしゃれでかっこいい二枚目的ライフスタイルが花盛りだ。小ぎれいな暮らしが切り売りされている。そういう本が次から次へと出るからか、よく売れるからか、そういう個性の店もたくさんできあがってきている。誰もが本当はかっこ悪いから、かっこよく生きたいし、そう見られたいのは当然のこと。でも、物足りないのは、それだけしかない店だ。そのテイストを信じ切ってしまっているような個性は、そういう雰囲気の品物をある程度揃えればすぐに成立してしまう。

本というのは、便利なアイテムだ。その本を実は読んでなくても、棚に置いておくだけでバックボーンに見せかけることができる。例えば、友達や彼女が自分の部屋に遊びに来るときに、自分がこう見られたいという本を棚に並べておけば、全然読んでいなくてもひとまず自分を偽れる。これは、本というものに教養幻想やインテリア要素がパッケージングされているからだろう。でも、見る人が見れば、それが奥行きのない借物のにわか選書だということがすぐわかる。それは、新しいお店の本棚でもたまに見かける。読書家として一応の格好がつく「保険のような作家」というものが存在するからだ。例えば外国作家では、リチャード・ブローティガンやカート・ヴォネガット・Jr。彼らはもちろん素晴らしい作家だが、おしゃれに本を知ってる風にふるまえる登竜門のような作家であったりする。置くのは自由だが、そういう感じの棚がここ何年かでドッと増えてきたような気がしている。現場で色んな種類の本を実際にいじってきたプロの書店員とは違う、遊びのない平面的な棚。あるセンスの孫コピーが何の疑いもなくあちこちで展開される。ただひたすらに二枚目志向にしか解釈されていない薄っぺらいコピー。

僕は一つの価値観だけで塗り固まった空間に懐疑的になることが多い。自分の店には、正反対の価値観を同じコーナーに並べたりして、皮肉や批評性やユーモアを介在させたい。おしゃれに気を使わない人や、年配の人や孤独な人にも楽しんでもらいたい。僕にとってのセレクトは、お客さんの目線で本を選び、棚に並べた時点でもう保たれているので、いってみれば、店の中に置いてある本全部まとめて、ガケ書房という一ジャンルといえる。棚は畑に似ていて、手をかけていじればいじるほど本が魅力的に実る。そして、それをお客さんが刈り取っていく。嘘みたいな話だが、ずっと動きが悪い本を棚から一度抜き出して、また元の位置に戻すだけで、その日に売れていくこともある。僕は何度もこれを経験している。人が触った痕跡というものが、そこに残るのだと思う。

ある本屋の女性店長さんと話していて、僕の本の選別の基準が、僕の好みではなく、お客さんの好みだということを話したら、その人は「たとえそうであっても、お客さんは山下さんが選んだという風に言ってほしいんじゃないですか？　そういう幻想込みで買いたいというか」と言った。とても興味深い意見だった。セレクトという魔法じみた言葉の本質だと思う。

〈センスがいい〉は、今、商売をする上で一番アピール力のある言葉だ。モノが少なくても、センスがいい、お金がかかっていなくても、センスがいい、粗削りでも、センスがいいなど、この言葉を使えばネガティブな要素を全部引っくり返せたりもする。

僕が生きていく上で一番大事だと思っているのは、センスと、そしてバランスだ。バランス感覚は、人間関係を円滑にする基準であり、仕事を進めるタイミングや引き際など、自分自身の世間での立ち振る舞いを決めるのに必要不可欠だ。一方、センスはその人それぞれの持ち味のようなものだと思う。洋服のセンスがなくても理系センスのある人、料理のセンスがなくても音楽のセンスのある人、ギャンブルのセンスがなくてもサッカーのセンスのある人など、向き不向きの問題に似ている。文化的なセンスは必ず何かの影響下にあるものだが、それをただ単にコピーしただけではないものが、良いセンスというものだろう。

繫がる人とはなぜか繫がるし、繫がらない人とはなぜか繫がらない

忘れられないイベントの一つに、アンデスにいた小沢健二さんとのスカイプ中継がある。二〇〇七年ごろ、小沢さんは「おばさんたちが案内する未来の世界」というドキュメントの上映会を各地で開催していて、それをウィングス京都というところでも上映することになった。そこに、僕は運良く参加したのだった。

上映後、小沢さんは会場にいた人たちにそのドキュメントを見た感想を送ってほしいと壇上で言った。僕は、自分の思いをなるべく正直に書いた感想を送った。

それからしばらくして、小沢さんがイベントを開催する関西の小さめの会場を探しているという話が友人づたいに入って来た。最初は、奈良にあるカフェが候補地だった。しか

し、現地の小沢さんと交信する時間が午前八時で、そこから数時間かけて話し合うというスケジュールがカフェの時間と合わず、最終的にガケ書房が会場に選ばれることになった。すると、何日かして、「小沢ですけど」という電話が店にかかってきた。最初、どこの小沢さんかわからなかった。その人は「小沢健二と申します」と言い直した。ファンだった僕は信じられなかったが、半信半疑で話した。小沢さんに僕が前に送ったドキュメントの感想のことを話すと、面白かったので覚えていると言った。

それから当日はあっという間にやってきて、個人ネットワークを経由して、約四十人が朝早くからガケ書房に集まった。録音による、小沢さんのお父さん・小澤俊夫さんの火山の話に続いて、小沢さんと、後に奥さんになるエリザベス・コールさんが、皆と自己紹介をしながらスカイプを経由して話をした。僕たちは、東京のこと、京都のこと、メキシコシティのことなど、個人的な体験を通じて感じたことや、置かれている状況などを報告しあった。それは、すごく不思議な時間だった。そこにいる誰もが現実の問題を話しながら、どこか夢の中にいるような感覚だったんじゃないかと思う。小沢さんは、言葉を選びながら慎重に話した。僕らも生活の中で思っていること、ついさっき思ったことなどを、なるべく正確に伝えようと言葉を選んだ。そこに集まった皆は答えではなく、考えるということの面白さをそれぞれの家に持ち帰った。

それからしばらくして、また小沢さんから電話がかかってきた。それは、小沢さんが自費出版した『企業的な社会、セラピー的な社会』という本をガケ書房のみで販売させてほしいという話だった。一も二もなく、僕はその提案を受けた。小沢さんのお父さんが主宰する、小澤昔ばなし研究所発行の「子どもと昔話」という雑誌に、小沢さんは「うさぎ!」という寓話を連載していた。その本は「うさぎ!」の別冊という扱いだった。資本主義への素朴な疑問や違和感を、独特のユーモアと刺激的な事実をもって報告することで、物事の価値というものを考えさせられる内容だ。

小沢さんと話すと、いつも日本と世界の認識の違いが話題になる。話したことで特に印象深いのは、〈のんき〉というキーワードだ。頑なに目の前の日常を死守することだけに懸命な僕の姿勢や発言を、小沢さんは、世界的に見たらそれはのんきな姿勢に映るけれども、そののんきさが実はいいんじゃないか、山を登ったり川を眺めたり散歩したり、それぞれの日常を全うすることが大事なんじゃないかなと話した。

『企業的な社会、セラピー的な社会』は、最初、インターネットに情報をまったく載せずに、他の商品と同列に店頭だけで販売していた。こんなに情報が飛び交っている社会なのに、情報というのはそのフォーマットに載せないと実は広まるようで広まらないものなんだなと思った。そのころは、本当にゆっくりと、かつ着実に、その内容を吟味した人たちが買っていった。しかし、徐々に問い合わせが増えてきたので、初回納品分が完売して二回目の販売を開始するときに、インターネットで販売再開のニュースを流すと、一夜でものすごい数のオーダーが入り、あっという間に売り切れてしまった。

小沢さんは、その本の売り上げを、全部本で欲しいと提案してきた。僕は、新旧含め、大小の出版社を織り交ぜたラインナップを選び、大量の本を送った。

それからまたしばらくすると、今度は、小沢さんのお母さんがガケ書房に来られた。小沢牧子さんは心理学者で、以前のイベントに関わった中心メンバーで集まって、お母さんと近くのカフェで色々話した。そのとき、印象的だったのは、小沢さんの幼少時代のエピソードで、お母さんが小沢さんに雑草を抜く手伝いをお願いしたら、小沢さんが鉢に入っている草花は抜かないのに、なぜ雑草は抜いていいのかと質問してきたのだという。お母さんはそのとき、うまく答えられなかったらしい。

それから三年後、小沢さんはコンサートを一時的に再開し、僕らも見に行ったりした。そのとき、初めて小沢さんと実際に対面した。それまでに一度店にも来てくれたこともあったのだが、僕が非番の日で会えずじまいだったのだ。楽屋で、僕はビールを頂いた。

それからまた、ガケ書房では二回目のスカイプ中継が行われた。そのときは、スチャダラパーのBOSEさんも来て、京都にいる僕たちとアメリカにいる小沢さんとの橋渡し役をしてくれた。そのときは東日本大震災直後で、震災後の生活のことを中心に話した。BOSEさんは、どんなシリアスな問題でも、空気のトゲをとって、ピースフルに着地させる力のある人で、その見事さに僕は感嘆した。

BOSEさんは、京都精華大学で教鞭を執ることがあり、その授業の一環でもガケ書房は関わることになった。ある日、京都に来た小沢さんとBOSEさんと深夜の喫茶店で雑談しているときに、チェーン展開しているような店でエンドレスにリピートされているオリジナルソングの話題になって、一度、ガケ書房でもそういうオリジナルソングを作って、店内でたまに流してみてはどうかという話になったことがあった。

その後、実際にBOSEさんと高野寛さんの指揮で、学生たちによってガケ書房の様々なCMソングが制作されることになり、一枚のCDが作られた。ひたすら「ガケ書房」と連呼する歌から、インストだけのもの、歌謡曲調のものなどバラエティに富んだ内容だった。講師の高野寛さんも短い曲を作ってくれた。

僕はその制作発表の展示会場で胸が熱くなったことを覚えている。なぜならそのとき、僕はとても苦しい毎日だったからだ。

便利な店にないもの

鬱々とした毎日を過ごしていたころ、和歌山県新宮市にある廃校をブックカフェに生まれ変わらせるので協力してほしいという相談を受けた。

相談してきたのは、日常のコミュニケーションの中から仕事を作り出す「ナリワイ」という活動を実践している伊藤洋志さんと、NPO法人「山の学校」の代表・柴田哲弥さん。伊藤さんとはあるトークショーで知り合い、いつか何か一緒にできたらいいですねと話していた。

新宮市熊野川町にある旧・九重《くじゅう》小学校や周辺の家は、二〇一一年の台風による水害で、浸水してしまった。その後、小学校を解体する予算が自治体によって立てられたのだが、そんな予算があるなら潰すのではなく、再建する予算に使わせてほしいと二人はかけあった。苦心の末、提案は見事に受け入れられ、九重小学校は複合施設として再建されることになった。元・給食室にパン屋、元・職員室にカフェ、そして、元・理科室に本屋が入る計画だ。その本屋をガケ書房に担当してほしいという。

和歌山はそれまで一度も行ったことがなかった。京都から交通の便が悪く、ましてや和歌山の中でも一番行きづらい地域に旧・九重小学校はあった。本当に周りになにもない。人が住んでいない。もちろんコンビニなどない。夜中は真っ暗。バスは一日一本。その村に住んでいる唯一の小学生は、「コロコロコミック」を買うのに、休みの日に町まで車で連れて行ってもらわないといけない状況なのだという。また、最近は移住してくるファミリーや若者が増えてきていて、そういう人たちも文化に飢えているということだった。商圏としてはまったく見込みがないと思った。でもせっかくなので、一度だけ現地に行ってみることにした。

ナビを装着していなかったので、地図を頼りに車で迷いながら向かった。片道六時間半かかった。着いたころには日にちが変わっていた。

翌朝、辺りを見ると校舎の向かいは川で、後ろは山だった。そこで自分が本屋を始めることがイメージできなかった。でも、もしやるとしたら、本当にマスな情報を集めた本屋をやるほうがいいのかもしれないと思った。「コロコロコミック」やNHKテキストや「サライ」やベストセラーなどをメイン商材にしたような本屋。ガケ書房はその町のニーズを受けて品揃えをする本屋だから、そうしようと思った。

そのまま、新宮市内の本屋を偵察に行った。市内へは車で三十分。二軒の新刊書店があった。

一軒は、老舗の町の書店。地元の作家である中上健次コーナーがあった。品揃えはいわゆる町の本屋という感じだ。平積みは基本的に一、二冊。同業者である僕は、そういうところを見てしまう。自分の店のことを思い、個人経営の書店とはそういうものなんだと改めて思う。教科書販売に力を入れている感じで、店内の半分は文房具コーナーだった。行き交う人々の歴史をみてきた町の本屋。皆の役に立ってきた本屋だ。この町で育った人たちの本屋の原風景は、ここにあるんだと思った。

もう一軒は、各地方にある異業種参入の大型書店。日本全国で見ることのできる本がたくさん並んでいる。「コロコロコミック」が山のように積まれている。

欲望にまっすぐな小学生は、町にやって来たとき、品揃えの多い方の本屋に歓喜するだろう。郷愁とかレトロとかそういう思い入れにたどり着いていない世代。誰も悪くない。ガケ書房の出店を打診されているのは、繰り返すが、その町から車で三十分で戻れる集落。僕の役目がある程度わかってきた。

あそこでやるなら、京都のガケ書房と同じようなテイストでやらないと意味がない。郊外の町では手に入らない品揃え。わざわざ来てもらうための独自性。集落にいても少し車を走らせれば、インターネットを使えば、最新情報に手が届く。自分では手が届かない小学生のために、とりあえず「コロコロコミック」は定期配本しよう。

そうはいってもすぐには決断できなかった。オープン在庫を揃えるのにはそれなりにお金がかかるし、なにより利益が出るのか確信がないプランには投資できない。施設の営業日は、ひとまず土日・祝日のみだという。

突破口になったのは、その条件面だった。まず、家賃がない。国からの補助金で人件費や設備代なども当分賄える。諸々の条件をクリアにしていった結果、仕入れのことだけを考えればいいということがわかった。僕は、三回目の訪問で店を出すことを決めた。

初期在庫はほぼゼロ円で揃えられた。取次経由で選んだ本は、延勘《のべかん》という三ヶ月経過してから支払う形に変更してもらい、常備在庫という一年後に精算するセット本も採用した。あとは、直接、出版社から委託扱いで送ってもらったり、自費出版の委託本を並べることで棚に色をつけた。

柴田さんは施設名を bookcafe kuju に決めた。

二〇一三年の十一月に施設がオープンすると、地元の人以上に新宮市に住む人たちがやって来た。車で三十分というのは、交通の不便な場所に住む人たちにとって、〈少しだけ遠い〉ぐらいの間隔らしい。土日になると、保養施設であるかのように人々が集まる。川で遊んで、お昼にパンを買って、本を買って、カフェでゆっくり読みながら食べる。皆、それをセットのように体験することを楽しむ。せっかく来たのだからと何か買っていく。僕は、〈少しだけ不便〉ということの可能性を再確認した。

小さなハードルがあるから、そこに行くということが一つのイベントになる。着くまでの道中や、店内に入ったときの空気がそのときの思い出の断片になる。

〈記憶を持って帰ってもらう〉というのが、僕が bookcafe kuju に関わって学んだことだ。本であれ、雑貨であれ、パンであれ、インターネットのワンクリックの買い物では味わえないモノにまつわる記憶。家でそれを見たときに「ああ、そういえばこれはあの和歌山の bookcafe kuju で買ったなぁ。そういえば、あのとき……」と思い出すことがあるかもしれない。あの新宮市で今も営業している老舗の町の本屋も、人々が記憶を交差させてきたかけがえのない場所なのだ。

本屋で買った本は、全部お土産だ。僕は、そのことにも気づいた。

伝説の元書店主に僕が聞きたかったことは

初めて、売り上げが大台に乗った日のことは忘れられない。それは、オープンして三カ月目。スタッフを雇いだして間もないころ。まだそのころは、深夜〇時まで営業していた。最後のお客さんを見送って、レジ締めを始める。手応えはあった。短冊スリップも反り返っている。そのとき、電話が鳴った。母親からだった。こんな時間にどうしたのかと聞いた。子どものころからお世話になっていた叔父さんが、その日亡くなったという。叔父さんのことを僕は「ぶーおっちゃん」と呼んでいた。その人は父の弟で、いつも車のエンジンを吹かして家に帰るので、子どものころからそう呼んでいた。ぶーおっちゃんはガケ書房が開店するときに、自宅の本棚に眠っていた日本文学全集を持ってきた。それを好きに使ってくれと言う。店頭で売るのは少し難しかったので、本棚のあてに使ったり、特設コーナーのオブジェに使ったりした。その日、ぶーおっちゃんはまるでガケ書房の売り上げの安定を見届けるように亡くなった。

ガケ書房ができる過程で、祖母、父、叔父の三人が立て続けに亡くなった。僕は大きなものを失う代わりに、大きなものを授かったのかもしれない。ガケ書房は、そのあたりから順調に売り上げを伸ばしていった。

しかし、六年目に入ったころ、成長が止まった。しばらく、年商は横ばいに落ち着いていたのだが、徐々に下がり始めた。当然、落ち込んだ。色んなもののせいにしようとした。リーマンショックとか、YouTubeの台頭でCDが売れなくなったんだとか。もちろんそういう要素も大いにあったが、ひとまずそこでガケ書房は第一段階の完成をみたのかもしれない。

売り上げが良ければ良いほど、商品がたくさん回転するので翌月の支払いは大きい。そんな当たり前のことがたまに負担になったりする。というのは、その翌月も売り上げが同じぐらい良いとは限らないからだ。そういうとき、当然のように資金繰りは難しくなる。

僕はいつのまにか資金繰りに奔走するようになってきていた。銀行からもたくさん借りた。その融資を返済するお金もまた借りた。気がついたら、これ以上借りたら返していけないというぐらいまでの借金を背負っていた。こういう事態は、ひとえに僕自身の経営者としての能力不足によるものだ。誰のせいでもない。現実は毎日、そこにある。

トレードマークである外壁も、石を支えている木が腐り始めていて、大規模な補強工事をするか、思い切って外壁自体をなくすかの選択をしなければならなくなっていた。その翌年からは、消費税が八パーセントになることも決まっており、そんな状況でガケ書房はまもなく十周年を迎えようとしていた。精神的に追いつめられた僕は、十年という区切りは丁度いいと思った。そして、閉店することを心の中で本格的に考えた。要は現実から逃げたかった。

スタッフにも誰にも、しばらくそのことは話さなかった。その代わり、僕は、ある人に直接聞いてみたいことがあった。それは、本屋をやめるというときの心境。ある人とは、早川義夫さんだった。

早川さんは、元々、ジャックスという日本語のロックグループの始祖のようなバンドを率いていた人で、早々に音楽活動から身を引いて、〈早川書店〉という町の本屋を約二十年続けた人だ。その店の顚末記は、『ぼくは本屋のおやじさん』という本にまとめられていて、僕ももちろん読んでいた。早川さんは、本屋のおやじさんを辞めて、あるときからまた歌い始めた。そのころの心境をまとめた『たましいの場所』という本もあって、そこには、早川書店の最後の日のことが克明に書かれている。僕は、その文章の裏側に隠れている言葉を直接聞いてみたかった。

京都に来た早川さんのライブにお邪魔して、終演後、ご挨拶をさせてもらった。早川さんは、ガケ書房の常連の方から僕の店の存在は聞いていたらしい。僕はそのとき、もちろん本屋を辞めようと思っていることは話さなかった。現役書店主と元書店主のトークと、弾き語りの二部構成ライブのお願いをしてみた。

早川さんは開口一番、「本屋を辞めて正直ホッとしているんです」と言った。僕は早川さんが肩の荷を降ろした日の爽快感を容易に理解できた。それまでに何度もそのことを自分で想像していたからだ。

前述の『たましいの場所』の中に「閉店の日」は次のように綴られている。

「閉店の日、僕は、泣いてばかりいた。涙がとめどもなく出た。棚を見ているだけで、涙がこぼれた。お客さんと言葉を交わそうとするだけで、涙が出た。

閉店を知って、毎日来るお客さんがいる。もううちにはその人が買うようなものは残っていない。なのに何かしら探していく。（中略）岩波文庫が返品できないことを知って、それればかり買っていくお客さんが何人もいた。餞別を置いていく人もいた。その方は、親しいわけではなかった。店の前で立ちすくみ、入ってくるなり「ボクは寂しい」と言って泣き出した。六十歳くらいの人だ。他のお客さんが一斉にこちらを見ている。

意外だった。いわゆるお得意さんや親しいお客さん（もちろん残念がってくれたが）よりも、あまり目立たない人、一度も話をしたことがない人から惜しまれた。これは思ってもいなかったことだ。（中略）目に見えないくらいの小さな感動が、本屋には毎日毎日あったのだ。感動は芸術の世界だけにあるのではなく、何でもない日常生活にも、同じようにあるのである。それを僕は、閉店の日にお客さんから学んだ」

僕は、この文章を読んで想像していた。最後の日、僕にも同じような心境が訪れるのだろうか？　店に立たなくなったとき、毎日店を切り盛りしていた日々が愛おしくなることがあるのだろうか？

早川さんのイベント当日の朝、僕は、まるでこれがガケ書房の最後のイベントのような心境で目覚めた。早川さんの歌は、言葉は、僕に何を教えてくれるのだろうか。

しかし、そこには完全に音楽家になった早川さんがいた。書店主としての早川義夫は、本に書かれていることで、もうすべて時間ごと完結しているようだった。

駅までの車中、二人っきりになっても、僕は、ガケ書房を辞めようと思っていることを話せなかった。僕はまだまだ迷っていたのかもしれない。

ガケ書房のゆくえ

二十代のころ、借金がある人たちというのは、お金にだらしのない人か、大きな失敗をした人だと思っていた。こぢんまりした給料を毎月もらって、大きくお金を使うこともなく暮らしていた自分は、そういうこととは縁のない人生を送るのだと思っていた。

店をやらなかったら、確かに縁のないことだった。必要もないのに自分からお金を借りる人などいない。僕自身、店を始めてからも借金をするつもりなどまったくなかった。本屋という業種が儲からないのは知っていたから、マイナスが出ない程度になんとか生活ができればいいと思っていた。

しかし、毎月の仕入れ、売り上げ、支払いというお金のサイクルを回し続ける中で、ほころびのような月が出てくることがある。甘い見通しに苦い選択を迫られることがある。万全を期して臨んだプロジェクトが大きなダメージになることがある。それが、負の連鎖の始まりになることがある。

最初のころは、お金が足りない月は貯金を切り崩していた。普通預金がなくなったら、次は定期預金に手を出した。それもいつのまにかなくなって、僕は岐路に立たされた。もうどこにもお金のあてがない。売り上げはやっていけるだけの一定水準を保ってはいたが、六年目から横ばいになり、毎年少しずつ減ってきていた。何か大きな支払いがあると、足りなくなる月が出てきた。僕は、とうとう銀行から融資を受けた。融資といえば聞こえがいいが、要は借金だ。それまでも銀行の人はよく店にやってきて、その都度、融資の案内をしていた。最初は受け流していたが、喉から手が出るほどお金が必要なとき、それは天の声に聞こえた。

店を始めたばかりの若い店主と話していて、

「売り上げが悪くなってきて、どうしようもなくなったら店をたたみます。借金をしてまですることではないと思うので」

という台詞を聞いて、借金をしてまで続けている自分は、やっぱりバカなのかなと思った。反面、身銭を切っているプライドというものが自分にはあるんだなと思った。

昔、あるトークショーでこんな質問を受けたことがある。

「山下さんは、お客さんの好みに合わせて商品を選んでいるとおっしゃっていますが、では、店をする上で山下さん個人の主張とか、やりたいことというのはないんですか?」

僕自身がやりたいこと。少し考えたが、すぐに答えはわかった。それは、店を存続させること。方法論はどうであれ、イメージがどうであれ、僕はそのとき、なんとしてでも、ガケ書房を続けたかったのだ。

どうしてそんなに意固地になっているのか? もういい年なので仕事がないから? 一度掲げた看板を下ろすことは自分のプライドが許さないから? 借金がまだあるから? 本屋の店主という職業が好きだから?

はっきり言って、全部そうだ。だから僕は悩んでいる。さっさと辞められたらどんなに楽だろう。たぶん、本当に心の底から辞めようと思ったら、僕は簡単に辞められるだろう。

ガケ書房後期の五年間、僕は寝ても覚めても毎日楽しくなかった。原因は何だろうと考えた。一番は、お金のこと。あとは、プライベートなこと。公私ともにがんじがらめだった。もう現実から逃げたかった。本気で店を辞めようと思い始めていた。店を辞めたら楽になる。全部終わる。左京区にも来ずに済む。雑誌に載ったときの扱いなどを気にしなくてもよくなる。そのことを考えたら、ひとまず解放感に浸れた。どこかまったく知らない土地に引っ越して、全然違う職種を選び、正社員として月給をもらい、アフターファイブや土日の余暇を、自分の趣味の時間として存分に使おうと真剣に思い描いていた。

毎月、与えられた仕事に従事したら、決まった金額をもらえるなんて、サラリーマンがうらやましいと思った。人間関係だけ我慢すればいいんだと腹をくくった。

でもそれは、想像の中のサラリーマンだ。実際は、今の生活よりハードな問題がまた湧いてくるだろう。仕事というのは、基本的に人間関係だ。かつて僕もサラリーマンをしていたが、いい人間関係の職場には恵まれなかった。それを本当にまた耐えられるのか？

京都に帰ってきてしばらくの間、近所のコンビニエンスストアで、生活のために深夜アルバイトをしていたことがある。当時はまだ長女が小さくて、早めの夕食をみんなで食べたあと、僕は長女にバイバイをした。そこから翌朝まで、オーナーの見張る現場で、休みなしの労働が続く。夕暮れが世界の終わりのように見えた。まだ、店を始める見通しが何も立っていないころだったので、不穏な日々だった。

店を辞めるかどうか悩んでいるとき、小説家のいしいしんじさんと夜の京都を二人で飲み歩いた日があった。

いしいさんには、色々お世話になっていた。「その場小説」という、いしいさんが即興で小説を書き下ろすイベントがあって、あるときは僕を主人公にした話がガケ書房の窓に白いペンで描かれた。ボブ・ディランの大阪公演を一緒に見たあと、いしいさんの実家に泊まったこともあった。大雪の大晦日にいきなり呼び出されて、ラジオの公開収録現場でほったらかしにされて、そのまま年越ししたこともあった。また、ガケ書房がいしいさんのアイデア帳を編集して出版したこともあった。

僕は、いしいさんに店を辞めようかと思っていると正直に話した。そして自虐的に、その後はどこかのコンビニエンスストアで深夜アルバイトでもして暮らしますと言った。すると、いしいさんはそうかぁと酒をあおったあと、

「ほんなら、僕も小説で食べられへんようになったら、そこのコンビニで一緒に働くわ。

僕と山下君が働いてるコンビニやったら、絶対面白いコンビニになると思うで」

と言った。

いつでもゼロに戻る覚悟がこの人にもあるんだと知ると同時に、その温かい言葉に僕はあやうく涙を落としそうになった。

もらった一年

十月初旬のある朝、十年間で初めての朝礼が開かれた。珍しく、スタッフ全員が店内に集まった。僕は、二〇一三年いっぱいで店を閉めることを皆に発表しようとしていた。その段階では、まだ梅野くんにも、北村さんにも、時ちゃんにも話していなかった。ほとんど僕の中だけで決めていたことだ。それを彼らに話すということは、段階をひとつ進めることになる。僕は、十年という節目は辞め時だと感じていた。

彼らに、十二月三十一日をもって閉店すると告げた。視線が定まらなかった。みんながどういう反応をするのか、予想がつかなかったからだ。彼らは、淡々と聞いていた。店主である僕が決めたことなのであれば、もうどうしようもないという感じがあった。もっと熱く大反対されるかもと思ったりしていたので、少しだけ拍子抜けした。

しかし、彼らは一人一人、落ち着いた声で自分の意見を話し始めた。その思いは、静かだがくすぶっている炎のようだった。僕が決めたことならそれは止めないけど、自分たちは力を出し切ったわけではない。終わりにするなら、もっと力を出し切ってからにしたいと口々に言った。話しぶりは普通だが、目をそっと見ると潤んでいる人もいた。単純な僕は、彼らのその秘めた思いを受けて、辞めることを今すぐ撤回したい気分になっていた。そして、朝礼の終わりごろには、とりあえずあと二ヵ月は全力を出し切って、残りの最後の一ヵ月に改めて進退を決めようと皆に話していた。朝礼はいつのまにか、決起集会に変わっていた。

しかし、大きく何かが急に変わるようなことはもちろんなかった。僕は相変わらずの不安定な日々の中、やはり辞めるしかないかと考え始めていた。そんなある日、小沢健二さんから電話が入った。

小沢さんはいつもガケ書房を気にかけてくれた。礼儀として、小沢さんにはやはり状況を伝えておこうと思った。海外にいる小沢さんには、直接会ったり話したりする時間も減多にとれないだろうから、今話すべきだろうと思った。僕は、話の最後の方にそのことを伝えた。小沢さんはとても残念そうに話を聞いていた。そして、そのまま電話は終わった。するると、五分もしないうちに僕の携帯電話が鳴った。小沢さんからだった。

「さっきの辞めるって話、もう少しくわしく教えてくれないかな？」

驚くと同時に嬉しかった。僕はありのままを話した。小沢さんは、閉店までの告知期間をあまり設けず、いきなり店を終わらせたいという僕のヒロイズムを、かつての自身のバンドのことを例にあげて、僕もそうだったので理解できると言ってくれた。それから何度も電話でやりとりをした。そのたびに小沢さんは色々なアイデアを具体例を出して提案してくれ、様々な人を紹介してくれた。その人たちは、わざわざ時間を作って、京都まで来てくれた。

その中で、あるＩＴ系の人とガケ書房再建の話が進み始めた。それは、わかりやすく言うと、個人事業であったガケ書房を会社組織化して、会計を明朗にし、そのＩＴの人と共同運営していくという計画で、資本金は、その人自身とその人と繋がりのある人たち、そして僕も出資するというものだった。僕はその打ち合わせや顔合わせなどで、東京に行った。

　あれは、なぜかエイプリルフールだった。僕は、代官山の駅前に突っ立っていた。昼下がりの通りを、おしゃれな服に身を包んだ老若男女が笑顔で歩いていた。少し向こうには、駅前を通り過ぎるおしゃれな若者に声をかけてスナップ写真を撮っている、どこかの雑誌編集部がいた。浮いた雰囲気の僕はなぜそこに立っていたのか。僕はお金が届くのを待っていたのだ。

　先月の大阪屋への支払い金額が足りなかった。もちろん悪いのは僕だが、大阪屋との電話の中で、今東京にいて、すぐにお金を用立てることができないということを話すと、容赦ない返事が返ってきた。僕は、その日の夕方に会う約束をしていたそのＩＴ会社の社長さんに状況を話して、個人名義でお金を借りることになった。そのお金の受け渡し場所が代官山だった。

　情けなかった。幸せそうに歩いているおしゃれな人たちの中で、借金の用立てをしてもらって、必死でそのお金が手元に届くのを待っている自分。まだ知り合って間もない僕に結構な金額を貸してくれるという、その人の器の大きさにも引け目を感じていた。

しかし、僕はその人と結局のところ、最初から最後まで歩幅を合わせることができなかった。歩幅というか、僕が右に向いたらその人は必ず左に向いているというような選択の違いが常にあった。これまで自分のスピードと方法論で物事をすすめてきた人間同士だったのだろう。それは必然でもあったが、僕のやり方のほうが効率が悪いのは明白だった。その人にも、色んな方を紹介してくれた小沢さんにも、機会を生かせずに終わったことを本当に申し訳なく思う。

しかし、そういう流れがあって、僕は結果的にガケ書房を一年間延命させることになった。当初辞めると決めていた二〇一三年の年末は、まだ法人化に向かって動き始めていた時期であり、色々な人との話し合いを継続しているうちに、店を終わらせるタイミングを逃してしまったのだった。

夏になる少し前、一連の再建プロジェクトは未遂に終わり、ひとまず個人事業で店を続けることが確定した。僕は、もうこのまま行けるところまで続けるしかないのかもしれないという境地になりつつあった。

その最後のもらった形のような一年間は、現在に繋がる、なくてはならない一年だったと、今だからいえる。

ホホホ座というバンド

はじまりは、酒場での会話だった。古本や器を扱っているコトバヨネットの松本伸哉と、中古レコードと古本を取り扱う1000t《じゅうまんとん》アローントコの加地猛と僕は、左京区出町柳の酒場のカウンターで個人店主同士の疲れた傷を舐めあっていた。その少し前に、お寺を借り切って三店舗合同イベントを開催する企画が立ち上がり、皆で現場の下見に行った。そのミーティングということも少しあったが、結局、グダグダと無駄話ばかりしていた。その会話の中で、三人で何かをするときのユニット名を考えようということになった。完全に遊び半分。草野球をするときにそのチーム名を考えるような感じだった。

僕は、「座」という言葉を思いついて、二人に話した。スカラ座のようにカタカナとセットで使うイメージだ。それに続いて、松本さんが「ホホホ座」というのはどうかと言った。ホというカタカナは、縦も横もシンメトリーで、一本線を描けば繋がるという面白い性質がある。加地君が、ええやんと盛り上がった。でも、言いづらいね、となんとなく却下した。

松本さんと最初にちゃんと話したのは、ミッドナイトガケ書房という深夜の営業イベントでだった。ガケ書房のレジにカメラを設置して、買い物をした人や差し入れを持ってきた人がカメラに向かって様々な告知や発言ができるという企画で、レジに誰も来ない間は、二人でどうでもいいことをカメラの前でダラダラずっと話し続けた。そのイベントは三回くらいやって、その過程でなんとなく距離が縮まっていった。

それからしばらくして、左京区のイベントの打ち上げ会場で、僕は松本さんと隣り同士に座っていた。そこで、どちらからともなく、今おしゃれとされている本の均一的センスのことや、それを盲目的に信じ切っている人たちのことを語り始めた。話は、そうではないもので気の利いたものを作りたいというふうにスライドして、最終的に自分たちで本を作ろうかという話に転がった。しかし、そのときに僕たちが思いついた本は、アンチ主流な方向性を強めた企画で、ここに書くのもはばかれるような浅はかな内容だった。思いつきだけをただ詰め込んだ売れないアマチュアの仕事のようで、あやうく動き出す寸前でそれに気づいた。いい大人がお金と時間を使って物を作るのであれば、買ってくれる人を意識した、勝算のあるものでないといけない。特に、今の自分たちにとっては。

そんなとき、あるカフェの店長さんが、冗談半分でカフェの二階で何か展示をしないかと僕に言ってきた。頼まれるととりあえず考えてみる僕は、考えてみたが困った。展示するようなものがない。しかし、その展示用に何かを作ることはできるかもしれない。カフェでやるのであれば、カフェに来るような人が興味を持つものを作ろう。そうだ、カフェに関する本を作って、その工程を写真と文章でルポして、それを展示し、展示会場で実際に作った本も売れればいいんだ！　と思いついた。

それから何カ月か経って、その取材をそろそろ始めようかと思っていたとき、僕は松本さんと車に乗っていた。僕は松本さんに、今こんな企画を始めようかと思っていると話した。松本さんが街ネタに詳しいのを知っていたので、なんかヒントでももらえるかなと考えたのだった。すると松本さんは、よかったら自分も一緒にやらせてほしいと言ってきた。

そのとき僕は、魚が釣り竿の餌を食べたのを見届けたかのように、しめしめと思った。

そこから二人で、京都のあちこちのカフェをリサーチした。女性が一人で営んでいて、個性がある店。それまでは気づかなかったが、京都は個性派カフェが粒ぞろいの町なのだった。紹介する店主は、できれば若手から年配まで幅を持たせたかったが、年配の店主さんたちの壁は厚かった。その中で、僕たちは七軒のカフェをリストアップした。そして、売れるものを作るという前提の下、動き出した。

当時、ガケ書房でよく売れていた「京都」「カフェ」「女性」という三つのテーマ。これらを表面的な入口にしてまず手に取ってもらい、実際に中を読んでいくと、登場する店主たち全員が主役の群像劇のような本をイメージした。ビジネス本ではなく生き方本。そこに具体的な答えは載っていない。しかし、七組七様の考え方や生き方があり、そこに生活という物語の真実がある。なぜカフェをはじめたのか？　そこに至るまでの話、はじめた日の話、はじめてからの話、これからの話。いいことばかりではなく、本音を男の目線から聞き出す。

カフェ本の常套手段は、白っぽい表紙で理想のライフスタイルを提示するテイストが多い。僕たちは、そういうテイストに飽き飽きしていたし、そうした本は編集部が用意した理想で、読者の日常と地続きではないと思っていた。僕たちが作る本は、そういう類の本を作っている人たちへの提案でもあった。

インタビューとは別に、アンケートも全員に書いてもらった。三十項目の少し意地悪な質問。インタビューの話し言葉というのは、一種アドリブの性格を持ち、そのときの聞き手の話し方のトーンや空気にも左右される。なので、それとは違う自分の「間」で主張できる場を設けたかった。アンケートという形を取った書き言葉というのは、自分の時間で自分の選んだ言葉で、何度も書き直しができる。そこに、その人の根っこにある思想や言葉のセンスが見えてくる。僕たちはそれをさらに一覧表にしてみた。答えが並列に横並びになることで、各店主の個性がより浮き彫りになるようにした。

外観はあまり取り上げない。外観というのは、他のガイドブックにたくさん載っているし、何より一番いじれない部分だ。その物件の元々の佇まいは、店主が用意したものでなく、二次的であるものが多い。それよりも、店内の小物やメニュー表にその店の個性というのは出る。僕たちはそこに着目し、メニューをそのままスキャンし、小物をイラストに起こした。
デザイナーの早川宏美さん（この本をきっかけに僕たちのメンバーとなった）が隠し味として行った作業は、フリーハンドで書いたようなきっちりしないレイアウトだ。フォントも一度コピーし直した文字を使っている。ノンブルもわざとずらしていたり、人文字になっているものもある。下地となる紙にも、うっすらザラ半紙のような色を載せている。写真にはくっきりしないような、ぼやけて見える特殊効果をほどこした。図版はイラスト中心だ。モデルは、花森安治が作っていた第一世紀『暮しの手帖』のいびつさだった。僕たちはセオリーを反面教師にしながら、しっかりとした〈商品〉を作ることを彼から学んだ。

取材の過程で、取材先のカフェスタッフが一日店長デビューするという話を聞きつけ、まさにカフェをはじめた日をルポできるという偶然もあった。本が少しずつできあがっていく中で、僕たちはホホホ座という名前で本を出版することを決めていた。

あとがきは、吉本ばななさんにお願いした。ばななさんは、ガケ書房を小説に登場させてくれたりして、何かとお世話になっていた。ばななさんに、ぜひ彼女たちの生き方を読んでもらい、その感想をうかがってみたかった。そして、後日届いた文章はまさに彼女たちの佇まいが表現されていて、締めにふさわしいものとなった。僕は、もう一つの隠し味として彼女たちがインタビューで残した言葉を使って、一篇の詩を編んだ。それをエンドロールとした。

内容が固まってきて、もう一つの大事な要素であるルックスを考えなければならなかった。モチーフとなったのは、福音館書店が発行している絵本だった。表紙も絵本のようなテイストにし、判型もA4サイズという読み物の本としては大型のものになった。また、絵本テイストを徹底するため、カバーや帯はつけず、ボール紙のような厚い紙を使った。裏表紙には、福音館書店の絵本に書かれている〈読んであげるなら○才から　自分で読むなら○才から〉というのをもじって、〈読んであげるなら四歳から　自分で読むなら社会に出てから〉と印字した。まるで卒業アルバムのような存在感の本ができあがった。

最後に、初回限定の特典を考えた。それは、僕と松本さんの本の制作を振り返った往復書簡をまとめた内容のタブロイド紙で、そこに発刊された意図や、気をつけたことなどを明記し、世に問うたものだ。僕たちはそれを「往《おう》復《ふく》便《びん》多《た》」と名付けた。

あとは、発売を待つばかりとなり、僕たちは次第にソワソワしていったが、現物の本を最初に手にしたとき、僕はホホホ座としての喜びをかみしめた。タイトルは『わたしがカフェをはじめた日。』。それは、僕が二十一歳のときに「ハイキーン」ができあがって感じた喜びよりも、もっと現実的な夢に思えた。

ByeByeガケ書房　Helloホホホ座

『わたしがカフェをはじめた日。』は、発売されると同時にものすごい勢いで売れていった。最初は、自分の店だけで売ろうと思っていたが、あちこちから置かせてほしいというありがたい声がかかり、声をかけてくれた店だけに卸した。恵文社一乗寺店では、その月の売り上げタイトル一位となり、ガケ書房でもかつてない冊数が売れていった。そして、初回に刷った千部は、正味二カ月で、ほとんど関西地方のみで完売してしまった。

僕たちは再販するべきか迷った。というのもその手応えを感じていた僕たちは、同じ方法論で重版するより、ホホホ座の名刺となるこの本を別の出版社から出してもらい、マーケットの地場固めにしてはどうかと考えたのだ。僕たちがやりたいのは、自己表現ではなく、領域を広げるためのビジネスだった。

僕たちはその実績を持って、いくつかの出版社に売り込んだ。すると、以前一緒にイベントをした小学館の編集の人が興味を示してくれた。小学館という大手出版社から出るというインパクトが面白かった。僕たちは悩んだ結果、小学館にお願いすることにした。

一方、十一年目を迎えたガケ書房は、『わたしがカフェをはじめた日。』という本が発売されたことで、また新しい章をはじめるか、という空気になっていた。そんなある日、コトバヨネットをやっていた松本さんが冗談半分に、店の一階がずっと空いてるからそこに移転してみる？　と提案してきた。僕は、そのときはただ笑って済ませていた。この場所で十年以上もやってきたのに今更変わるの？　と。しかし、そう言ったあとも、頭に残っていた。外壁の老朽化という現実問題も、高い家賃も、このときの僕には以前と変わらずのしかかっていたからだ。

僕は、ガケ書房から歩いて十五分ほどの場所にあるその現場を見に行った。今よりも狭いが印象は悪くない。なにより新しいことができそうに思えた。それに、家賃も安かった。二回目の下見の日、現場で僕は移転することを松本さんに告げた。そこで店を開いているイメージが描けたからだった。そして、移転するなら、名前も変えようと思った。あの外観ではない店はやはりガケ書房ではない。僕は、最初は本気で「新・ガケ書房」という名前にしようと思っていた。そのことを松本さんに話したら、いっそのことホホホ座にしたらと言われた。そうすれば、コトバヨネットもホホホ座に名前を変えるという。編集会議がすぐにできる環境が整いつつあった。僕は、少し迷って、ガケ書房という名前を完全に捨て、ホホホ座に改名することを決めた。

前年の閉店宣言から一年後の二〇一四年に、また朝のミーティングをした。今度は辞めるという後ろ向きな話ではなく、移転して改名するという話だ。みんなは移転のことは納得したが、改名については当惑しているようだった。

以前ガケ書房を辞めようと決めたとき、僕は世間への発表を閉店の一カ月前にし、さらっと大晦日に消えていこうと考えていた。さよならイベントをしないのは、ひねくれ者の僕の最後の美学だった。しかしそのとき、僕が閉店を打ち明けていた数少ないひとりである親友の風博士こと杉山拓くんが、さよならイベントを自分が責任を持ってやるのでぜひやらせてほしいと言ってきた。感激した僕は、そう言ってくれる人がいるのなら、これまでお世話になった人たちへの感謝も込めて、やはりやるべきかもと思い直した。

　正式に移転・改名が決まると、杉山くんは約束通り、最終日イベントの開催に向けて動き始めた。ガケ書房がオープンした二月十三日にその日は選ばれた。不思議なことに、十二年目のその日はまた金曜日に戻っていた。タイトルは、僕が決めた。「ByeBye ガケ書房　Hello ホホホ座」。

　ガケ書房も残すところ半月となった二月、売り上げはいつもより良かった。ガケ書房がなくなることを残念がって、レジで話しかけてくるお客さんもチラホラいたが、基本的にはスタッフともども、毎日いつも通りに仕事をすることが多かった。そんな風に日々を過ごし、気負わないまま当日を迎えた。その日は、開店から閉店までずっと店内でフリーライブを開催した。安藤明子、AUX、オクノ修、風博士、かりきりん、ザ・ドクロズ、スズメンバ、長谷川健一、林拓、ふちがみとふなと、吉田省念。皆、ガケ書房と関わりの深い人たちだ。僕は、二〇一〇年に彼らとの交流をまとめた『京都の音楽家案内』という小冊子を出したことがあり、当日はその冊子をパンフレット代わりに復刻販売することにした。

天気は快晴。その日は平日だったが、ガケ書房始まって以来の人出となった。ステージには、画家・下條ユリさんがスタッフ全員の顔を描いた特大ポスターが設置されていた。店内はずっとぎゅうぎゅうの酸欠状態。お客さんはその中を移動しながらライブを楽しんだ。一日中、挨拶し通しだった。僕は、甘夏ハウスという不思議スペースの林葉月さんから差し入れてもらった餅を、ガケ書房の突っ込んでいる車の上に立ち上がって撒いた。湿っぽい気持ちはかけらもなかった。新しい地平が見えていた。

全員のライブが滞りなく終わり、最後のＡＵＸのライブもアンコールを終えたそのとき、一本の電話が鳴った。出ると、産休でその日来られなかった時ちゃんからだった。時ちゃんは、「今、赤ちゃんが産まれました！」と電話口で告げた。あまりのタイミングにビックリした僕は、嬉しくなってステージにその足で向かい、マイクで店内にいる全員にそのことを大声で告げた。そして、ガケ書房としての最後の挨拶を行った。

ホホホ座の業種

ガケ書房は、史上最高の売り上げを記録し、その最終営業を終えた。しかし、次に僕を待っていたのは、引っ越し作業だった。一番大きな作業は、外観の撤去工事。業者に頼むと莫大な金額がかかる。これを身近な友人だけで行うことにした。

まず、象徴的なガケ車だ。これは、同じ左京区にあるアヴァンギャルドな酒場、村屋の店主が欲しいと言ってくれたので、あげた。今は、村屋の中庭に行けば、あの車がギチギチに入って展示されている。

次に、外壁。これは一日ではできない。簡易的なやぐらを作って、足元には棺桶のような木箱を設置し、上から石をそこに落として溜めていく。ある程度溜まったら、裏のガレージに積みかえる。その作業は人手が必要なので、「ガケ書房の石を欲しい人、全員集合！」というイベントにして、有志の方々に手伝ってもらい、約一週間をかけて取り壊した。

すっかり壁のなくなった店舗を、夕方、外から眺めたら、とてもおしゃれで、まるでパリにでもあるかのようなお店がそこに出現していた。「お金をかけて余計なことをせずに、最初からこれでよかったんじゃないか？」と十一年前の僕のとち狂った感性を疑った。しかし、あれがあったからガケ書房は浸透したのだと思い直した。

ホホホ座の店舗のオープン日は、四月一日のエイプリルフールに決まった。また、その日に『わたしがカフェをはじめた日。』の全国版も発売することになった。

ホホホ座は、もう本屋を名乗らない。母体は四人組の編集グループ。店舗は〈やけに本が多いお土産屋〉と謳っている。それは、本屋に失望したのではなく、少し不便な場所にわざわざやってきて、体験ごと買って帰るという意味で、本も含めてすべてはお土産ではないだろうかという提案だ。実店舗の存在意義は、僕が bookcafe kuju で再確認したように、そこに行くまでの道のりやその空間の印象など、そこで買って持ち帰ったアイテムにその思い出が付いていることだ。だから、僕は商品が本でなくてもよいと思っている。これまで本屋をしていたから、そのノウハウを知っているだけで、将来的には、オリジナル商品の比重が大きいアンテナショップとして成立することを目標としている。ホホホ座の立地が観光地への抜け道ということもあり、京都観光の人たちがたくさん通ることも考えて、僕はそう決めた。

オリジナル商品の強みは、優先的に商品を売れることと、利益率の高さだ。普段の取次経由での本の利益率は約二割だが、自分の店で自分の作った商品を売ると、制作費などの経費こそかかるが、百パーセントバックであり、どこかに卸したとしても、六割から七割の掛け率を確保できる。これは、カフェ本を作って体験的に学んだことだ。

また、ホホホ座は広島県尾道市に支店がある。その店は、ジンなどの小冊子や出版社が発行した本なども置いているが、メイン商材は自家製のお菓子だ。

ホホホ座はそれでいい。この先、ホホホ座を名乗って、店をやりたいという人が現れても、僕たちがOKであれば、それは何屋でもいい。北海道でホホホ座という八百屋をやってもいいし、沖縄でホホホ座という自転車屋をやってもいい。もっというと、店でなくてもいい。劇団でもいいし、バンド名でもいい。さらにいうと、人がいなくてもいい。例えば、コインランドリー・ホホホ座など。その町ごとのホホホ座があって、それぞれでホホホ座という名前を地域コマーシャルしてもらえればいい。そして、名乗っている人同士の横のネットワークでそれぞれの商品を回しあえば、面白い店づくりが各店舗でできるのではないかと思っている。

ガケ書房のころと大きく変わったのは、自分で商品を作る環境が整ったということだ。もちろん、経営者としては物理的に店の維持費が格段に安くなったことも精神的に大きい。今までよくあんな金額を払っていたものだと驚愕したり、感心したり。

今、ガケ書房に対するセンチメンタルな気持ちは当の本人にはまったくない。むしろ、ガケ書房はホホホ座に至る過程の一つだったような気がしている。まだ今のところは。

よく売れた本と、好きな本

ガケ書房は、変わった品揃えの店だと思われていたようだ。テレビの情報を中心に暮らしているような人たちからすれば、変わっているように見えたかもしれない。一般的に知られていないことに関わる商品は、すぐにマニアック、もしくはサブカルという風にみなされる。ガケ書房は、十一年間ずっとサブカル書店と言われてきた。いわゆるサブカルチャーのコーナーは、店の片隅にしか存在していかなったのに。外観やＨＰのテイストも影響していたのだろう。中に入ったことのない人は、そこが入口になっているのでしょうがない。

ガケ書房は、基本的にはオールジャンルの本を置いていた。あまり置いていなかったジャンルといえば、教科書・参考書類、エロ本、営業マンが読むようなビジネス書、新興宗教の布教本、時代小説、ティーンズ文庫。しかし、これらも切り口や視点が面白ければ、置いたりしていた。

ガケ書房でよく売れた本は、何か？　最も勢い良く売れた本は『わたしがカフェをはじめた日。』という自分たちで作った本だが、それを除くと、京阪神エルマガジン社が発行したワンコインの『京都地図本』だ。意外というか、お店のパブリックイメージと違うので、少し残念に思われるかもしれない。しかし、ガケ書房に来ているお客さんの約八十パーセントが二十〜三十代の女性だったので、そういう本が売れたのは、当然なのだ。そういう意味でいうと、世間のベストセラーは売れないが、役に立つ情報や可愛げのあるものであれば、いわゆる普通の書店と同じようなものが売れていたといえる。そういう人たちが店の屋台骨を支えていたのだ。

変わったところでよく売れていたのは、ブックサウンズという名義で活動している女性が作った封筒型小説だろうか。これは色んな立場の人からの手紙という設定で、封筒の表には「〇〇からの手紙」と印字されており、中にはその立場の人からの掌編小説がしたためられていた。種類は多岐に渡るのだが、百五十円という安価と、モノとしての面白さ、中身の小説の秀逸さもあいまって、いつも入荷とともにまとめ買いされていった。全般的には、自費出版であれ、大手出版社の本であれ、切り口の面白いもの、パッケージングの上手いものが売れていった。

しかし、どんなに売れていた本も、ある時期を過ぎると動きが鈍くなってくる。そうなると、レギュラー落ちというか、棚から外れ、新しい本が代わりにそこに居座ることになる。それが繰り返されていくのだが、時間を置いて、昔よく売れていた本をもう一度棚に並べたりすると、また動き出すこともある。お客さんにとっては、その存在を知ったときがその本の発売日のようなものなので、中身のよい本は、棚に並ぶタイミングをずらしてみると、また息を吹き返すのだ。

よく売れる本とは別に、僕が個人的に買いたい本ももちろん入荷してくる。僕は好きな作家はいるが、コレクター的趣味がないので、その作家の作品をすべて買うことはない。

僕が好きな本はまず、テキスト量がそれなりにある読み応えのあるもの。価値の転換を得られるもの。小説でいえばシビアな世界が好きだ。ロマンチックなものよりも、生きていく中での痛みや可笑しみなどのドラマが感じられるもの。ビジュアル本はあまり買わないが、レイアウトの面白さや資料的価値のあるものはついつい買ってしまう。古本もよく買う。地方に行ったら、その街の古本屋には必ず行く。物量が多く、値段に隙があるブックオフには、大体一店舗につき四時間はいる。頑張っている町の古本屋では、必ず何冊か本を買う。

僕の店でも、古本はよく売れた。ガケ書房後期には、かなりの数の古本棚が登場していたので、新刊書店としてのアイデンティティが一瞬揺らぎそうになった。しかし、品揃えとしてはその方が楽しいと僕は思っていた。

店の全体的な売り上げ構成比は、新刊四割・古本三割・雑貨二割・CD一割という感じだろうか。これは置いていた量にも関係しているが、初期のころはCDが三割近く売れていた。また、新刊の内訳も、半分もしくは六割ぐらいが自費出版の本だった。

そういう意味ではやはり変わった店だったのかもしれない。

ある常連さんのこと

ガケ書房のころ、吉本隆明の本が出たら必ず買っていく常連さんがいた。年齢は、たぶん五十代。髪の毛はざんばらの伸ばし放題。頭頂部が薄かったので、一見、落武者のような髪型だった。背は高めでガッチリめの体格。何の特徴もないメガネをかけていた。片足が不自由で、悪い方の足の靴は半分しか履かず、ずるずると引きずるようにして歩いた。

昼間、ワンカップを片手に赤ら顔で白川通りを歩いている光景をよく見かけた。歩き疲れて、自動販売機にもたれて地べたに座り込んでいるときもあった。お風呂はあまり入っていないようで、店の中に入ってくるとその香りがした。

新聞の切り抜きに自分の名前と電話番号を書いて、レジでほしい本を注文していく。来るときは、毎日のように来た。何もなくても、昨日と同じ棚でも見に来た。そのたびに香った。哲学とキリスト教とビートルズの本が店内にあると、それも買っていった。財布からはいつも一万円札が出てきた。

レジのある机の下に、フリーペーパーの設置コーナーがあって、そこに足をひっかけて、店の外まで転がっていったことがある。買い物をしたあと、後ろに並んでいた若い女性をよけようとしてつまずいた。片足でバランスをとっていたので、どこまでも転がっていった。

一度だけ、釣銭が間違っていたのではないかとやって来たことがある。丁寧に説明した。自分が勘違いしていたことが分かった途端、その人は照れ笑いしながら謝罪した。

『吉本隆明全集』が晶文社から、『吉本隆明〈未収録〉講演集』が筑摩書房から出始めて、その人はもちろん定期購読をお願いしてきた。二冊揃ったら、電話する。いつもすぐにやってきた。

しかし、ホホホ座に場所が移転すると、電話しても来なくなった。近くまで何回か行ってみたがとうとう場所がわからなかった、と電話口で言われた。足の状態も少し悪いというので、毎回配達することにした。

アパートの部屋の前まで行くと、その時点で香った。呼び鈴を押して、ドアを開けるとその香りが鼻孔に入って来る。いつも一万円だった。お釣りと領収書は欠かせなかった。

ある日、入荷の電話をすると、固定電話のはずなのに「電源が入っていないか、電波の届かないところにあるためお繋ぎできません」と携帯電話のようなアナウンスが流れた。留守番電話にはならないので、直接、家まで行くことにした。

呼び鈴を押す。なぜか押しごたえがなく、スカスカした感じで鳴っていないようだ。ドアを叩き、声をかけてみる。いないようだ。

同じことが翌月も翌々月も続いた。『吉本隆明全集』はどんどん溜まっていく。季節が真夏なので熱中症などを心配したが、前回閉まっていた窓が翌月にはちょっと開いていたりするので、生活はしているようだ。自分の訪問するタイミングがいつも悪いだけなのかもしれないと思い、ポストに書き置きを入れておいた。香りは相変わらずだった。僕は帰り道、これまであの人が何を拒絶して、何を受け入れて、あそこに辿り着いたのかを考えたりした。

しかし、一向に連絡もないので、その翌月もまた様子を見に行くことにした。すると、アパートの駐車場に大きなトラックが止まっていた。邪魔だなぁと思いながら、その横に車を止め、階段を上がると、あの人の部屋のドアが開いていた。本が平積みに畳の上に並べられ、布団が敷きっぱなしになっている。声をかけたが、人はいないようだ。どうやら、下のトラックの人がこの部屋の荷物を運び出しているようだった。急いで、あの人のことを聞いた。するとトラックの人は、誰もいないはずの昼間の大きな駐車場で声をひそめて言った。その人は亡くなったのだと。トラックの人は詳しくは知らないようで、とにかく部屋の後片付けをするように大家さんから頼まれたのだという。彼は、布団を見たかと僕に尋ねた。そして、後片付けが大変だよと困った顔をした。それがどういう意味なのか、想像したくない。

僕は、布団をちゃんと見なかった。僕がしっかりと見たのは、入口に転がっていたCDだった。それは、「ザ・ビートルズ・アンソロジーVol.3」だった。

国民投票

実は僕たちは今、「その町に本屋がいるかどうか?」という議題の国民投票をしている。本屋が必要だという票は、近所の本屋で本を買うという行為がその一票になる。自分の町に一軒も本屋がないという人は、残念ながらその町ではもう投票の結果がすでに出てしまったということだ。なくなってしまった本屋の跡地が残す視覚的メッセージは、とてつもなく深くて大きい。まるで閉店することで初めて自分の存在価値を示すかのようだ。そして、新しい違う業種の店ができあがると、あっという間にその声はかき消される。

僕は、店は続けたが本屋は辞めた。人から見たら、まだまだ本屋だろう。でも、本屋というプレゼンテーションにこだわるのを辞めたのだ。本を、そして本屋を愛しているから、本を読まない人にもっと本を買ってもらいたいから、本屋を辞めた。これからは読書という誤解され続ける行為のハードルを下げるプレゼンテーションで、本の魅力や出会いを提案してみたいと思っている。

少し前まで書店員同士のトークイベントに声をかけていただくことがよくあった。ガケ書房を始めて五年目ぐらいだったら、意気揚々とその思いを話したかもしれない。でも、僕はその時期を過ぎたあたりから、書店員トークに発展性をあまり感じなくなっていた。それぞれの店のやり方や考え方を知ることによって、お互いの店づくりのヒントにはなるから、本当はやる意味は大いにあると思う。でも、僕は現場が楽しくなくなっていた。そんな奴が人前に出て、集まった人たちに面白い話などできるわけがない。書店トークの主な内容は、大体これまでの自店での取り組み報告と、書店業界に対しての愚痴と提言を含んだ希望的観測に終始する。これも別にトークショーの定石として間違っていない。でも僕は、そんなことは果たして人を集めてお金をとって聞かせることなのだろうか？　書店員同士の飲み会で話すような、結果的にぼんやりした内容のものなんじゃないか？　と思ったりし始めていた。そんなことを人前で披露している時間があったら、スタッフミーティングでもして、自店の改善の時間に使った方がよっぽど有効なのではないかと。

町の本屋が淘汰されていくのは、自然の摂理に近い現象だと思う。自分のノスタルジックな気持ちも含めて、本当に残念な流れではあるけれども、業界にいるとそう思わざるをえない。かつて、本屋は小金さえあれば専門知識がなくても開業できる職種として認知されていた。〈取次〉という本の卸を請け負ってくれる問屋が、その本屋に合っていると思われる本をみつくろって、毎日何かしら送ってくれた。店側にその本の商品知識がなくても、店頭に並べておけば、ある程度売れていった。ましてや本は腐らない、返品もできる。言ってしまえば、タバコ屋のような雰囲気の職業として、開業まで至る時代があったということだ。メディアが提供する娯楽・情報源として、映画・テレビ・ラジオ・本がまだ主流だった時代。そのときはまだ、本屋も個人経営が主流だったはず。大資本のメガ書店が本屋の主流になるのはバブルの少し前くらいからで、その辺りから資本力にまかせて、在庫量の多さを書店の価値として打ち出す店が増えていった。そういう流れに、かつてのんびり本屋を始めた人たちが最初の淘汰として、たくさん飲み込まれていったのだろう。

僕が子どものころ通っていたこま書房は、外商、つまり本の配達をかなり頑張っていた本屋だ。よく町中を自転車で走っているおじさんを見かけたものだった。町のニーズになりふり構わず全身で応え、店主の機動力で生き延びてきた店。僕の長い立ち読みを目の前にしながら、安息の場所として本屋に集まる人たちを、おじさんは邪険にできなかったのかもしれない。だからかわからないが、僕は本屋は勝者のための空間ではなく、敗者のための空間なんじゃないかと思っている。誰でも敗者になったときは、町の本屋へ駆け込んだらいい。

将来の遺影用に、三島が撮ってくれた。
四条木屋町の鴨川べりにて。2008年ごろ。

山下賢二（やました・けんじ）

一九七二年京都市生まれ。二十一歳のころ、
三島宏之と写真雑誌「ハイキーン」を創刊。
その後、出版社の雑誌部、古書店、新刊書店勤務などを経て、
二〇〇四年、京都市左京区にガケ書房をオープン。
目立つ外観と独特の品揃え、店内音楽ライブなどで全国のファンに愛された。
二〇一五年四月一日、ガケ書房を移転・改名し、ホホホ座をオープン。
著書に『わたしがカフェをはじめた日。』（小学館）がある。

ホホホ座
〒六〇六-八四一二
京都市左京区浄土寺馬場町七一
ハイネストビル一階・二階

ガケ書房の頃

二〇一六年 四月 一日 第一刷発行
二〇一八年 一〇月二〇日 第四刷発行

著者 山下賢二

発行者 島田潤一郎
発行所 株式会社 夏葉社
〒一八〇-〇〇〇一
東京都武蔵野市吉祥寺北町
一-五-一〇-一〇六
電話 〇四二二-二〇-〇四八〇
http://natsuhasha.com/

印刷・製本 中央精版印刷株式会社

定価 本体一八〇〇円＋税

ISBN 978-4-904816-19-6 C0095 Printed in Japan